舵手证券图书
www.zqbooks.com

知识领航财富人生
舵手俱乐部 www.duoshou108.com

价值投资路线图
——格雷厄姆智慧家族的制胜之道

邹志峰 著

山西出版传媒集团
山西人民出版社

图书在版编目（CIP）数据

价值投资路线图：格雷厄姆智慧家族的制胜之道 / 邹志峰著 . -- 太原：山西人民出版社，2016.4
 ISBN 978-7-203-09563-7

Ⅰ . ①价… Ⅱ . ①邹… Ⅲ . ①投资经济学—研究 Ⅳ . ① F830.59

中国版本图书馆 CIP 数据核字（2016）第 086956 号

价值投资路线图：格雷厄姆智慧家族的制胜之道

著　　者：	邹志峰
责任编辑：	赵晓丽
出 版 者：	山西出版传媒集团·山西人民出版社
地　　址：	太原市建设南路 21 号
邮　　编：	030012
发行营销：	0351-4922220　4955996　4956039　4922127（传真）
天猫官网：	http://sxrmcbs.tmall.com　电话 0351-4922159
E-mail：	sxskcb@163.com　发行部
	sxskcb@126.com　总编室
网　　址：	www.sxskcb.com
经 销 者：	山西出版传媒集团·山西人民出版社
承 印 厂：	大厂回族自治县德诚印务有限公司
开　　本：	710mm×1000mm　1/16
印　　张：	14.5
字　　数：	240 千字
印　　数：	1—5000 册
版　　次：	2016 年 6 月第 1 版
印　　次：	2016 年 6 月第 1 次印刷
书　　号：	ISBN 978-7-203-09563-7
定　　价：	39.90 元

如有印装质量问题请与本社联系调换

推荐序

遵循经济规律 专注价值投资

姚斌（一只花蛤）

当乐聚投资创始人、财经图书出版人江涛女士将邹志峰先生的《价值投资路线图：格雷厄姆智慧家族的制胜之道》书稿发给我后，我几乎是一口气就读完的。

"格雷厄姆的智慧家族"一词来自巴菲特题为"格雷厄姆-多德式的超级投资者"的一次演讲。巴菲特在那次著名的演讲中指出，在投资世界里，有相当多的掷硬币赢家都来自于一个很小的智力部落——一个叫作格雷厄姆-多德追随者的群体。在这一群成功的投资者中，他们的智力来自于一个共同的家长——本杰明·格雷厄姆。

这个智慧家族引起了作者邹志峰的极大兴趣：如果对其进行系统研究，找出价值投资的清晰脉络，将会廓清市场上弥漫着的思想混乱，对于中国的投资人无疑有着巨大的指导意义。这就是本书的写作缘由。

邹志峰从经济学的基本原理入手，认为投资学作为经济学的一个分支，离不开基本的经济学原理，比如关于价格围绕价值波动的原理，关于"市场先生"的著名比喻，与亚当·斯密的"看不见的手"有着异曲同工之妙。因此，价值投资暗含经济学的基本规律。

价值投资路线图
格雷厄姆智慧家族的制胜之道 > >> >>>

对价值投资的经济学原理进行追根溯源，有助于我们树立更坚定的价值投资理念，也让我们明白，离开了经济规律，最终难免投资失败。经济规律是指经济现象和经济过程内在的、本质的、必然的联系，它的客观性不以人们的意志为转移。人们不能任意创造规律，也不能任意消灭或改造规律。但是即便如此，人们却可以发现、掌握并利用规律。

遵循经济规律的股市操作行为即是投资，因为那是按经济规律办事，否则就不是。邹志峰说得好，一名真正的投资者之所以能够长期战胜市场，就是因为其行为严守投资纪律，而投资纪律正是经济规律的集中体现。

举例说，在长期视野下，一只股票的回报率跟企业发展是环环相扣的。若一家企业40年来的赢利一直是它资本的6%，那么在长期持有40年后，其投资者的年均收益率不会和6%有什么区别——即便当初买的时候是便宜货。若该企业在20～30年间赢利都是资本的18%，即便当初出价过高，回报依然会令你满意。这个例子来自查理·芒格。

这就是说，若有人马马虎虎地持有一家极其平庸的烂公司，却每年幻想着高收益而能一夜暴富，这显然违背了经济规律。巴菲特认为能令他和芒格满意的回报就是跑赢标普500指数，这就是投资行为，符合经济规律。因为价值投资与经济的基本规律相吻合，所以价值投资可以放之四海而皆准。可是总有人说，价值投资不适合中国。事实上，价值投资适合于任何地方。段永平早已指出，如果有人认为不适合，那说明他还不懂投资，因为它早晚是会适合的，都是一样的。全世界买的人都是一个理由，就是只要有足够长的时间，它体现出来的是一个价值，而一个没有价值的东西，是不可能卖出价钱来的。

实际上，在一个无效市场中，价值投资更能发挥其强大的威力。一只股票上半年可以是100元,在下半年却暴跌至15元,而其内在价值却可能在30~40元之间。价格永远是围绕价值波动的,对于一个真正的价值投资者而言,这样的暴跌显然是一个巨大的机会。因此我认为,说价值投资不适合中国,其实是不懂得经济的基本规律。

格雷厄姆智慧家族的共同特征,都是依靠对公司财务表现的基础分析,找出那些市场价格低于其内在价值的股票。正如巴菲特在演讲中所说的那样,这个智慧家族共同的智力结构是他们探索企业的价值与该企业市场价格之间的差异,并利用其间的差异,却不在意有些市场理论家所关心的问题:股票究竟在星期一或星期二买进,或是在1月份或7月份买进。他们忽略宏观经济,只重视企业层面,采取自下而上而不是自上而下的策略。他们不探讨bate值、资本资产定价模型以及资本回报的协方差,这些都不是他们所关心的议题。他们只在乎两项实数:价格与价值。

格雷厄姆智慧家族成员习惯性地将股票价格与背后的公司业务的价值联系起来。其来源有三:一是格雷厄姆的安全边际原则,这个原则要求所购买的股票价格必须充分地低于其估计的价值,这种检测需要进行全面的商业分析;二是约翰·威廉姆斯价值评估方法,即将保守估计的公司未来现金流折成现值,以此作为公司的内在价值。这个原则隐含的道理是现在手中的1美元比未来的1美元更值钱;三是菲利普·费雪提出的选择超级成长股,这类公司拥有独特的经营特许权,比如无与伦比的品牌认同度和强大的市场影响力等。巴菲特将这三种来源融于一体,灵活运用,并使之登峰造极,形成了综合性的价值投资方法。

虽然基本理念一致,但格雷厄姆智慧家族成员的投资风格各异,他们很少有相同的投资组合。有的持有令人费解的"粉单股票",有的专注于

价值投资路线图
格雷厄姆智慧家族的制胜之道 > >> >>>

大市值股票，有的进行全球投资，有的集中精力于某一市场比如房地产或能源。有些人运用计算机筛选程序去发掘从统计学角度来说便宜的公司；有些人则评估私募市场价值；有些人是激进的股东维权者，积极活动要改变公司；而有些人则寻找已具备价格催化因素并能部分或全部实现的低价股票。

虽然彼此各不相同，但他们始终恪守买进的标的是企业，而非企业的股票。他们当中有些人偶尔会买下整个企业，但是他们经常只是购买企业的一小部分。不论买进整体或一部分的企业，他们所秉持的态度完全相同。每个人都受惠于企业市场价格与其内含价值之间的差值。正是成功地利用了价格与价值之间的落差，他们才成为投资界的赢家，从而跻身于"超级投资者"之列。

正当作者邹志峰正式出版书稿之际，A股市场低迷萧条，预计未来可能有相当部分的优质公司会随着市场的抛售沦为便宜货，这对于价值投资者是一个绝好的机会。在这个美好的时刻，我们重新学习格雷厄姆智慧家族的投资策略和方法，肯定有所裨益。

2016年1月中旬

自序
PREFACE

黯然失色还是重放异彩

"现在已然衰朽者,将来可能重放异彩;现在备受青睐者,将来却可能黯然失色。"这是格雷厄姆在《证券分析》卷首引用的贺拉斯《诗艺》中的名句。

2013年,被誉为投资者圣经的《证券分析》第六版在中国翻译出版。两年来,中国经济正经历着一场去杠杆的新常态阵痛,传统产业面临着史无前例的困境,而创新创造正试图破局,反映在资本市场上,就是一场大起大落、大喜大悲、大牛大熊的壮丽景象。

这一幕,改革开放30多年来未曾有过,中国资本市场建立20多年来也无前例可循,轰然而至的股灾碾压过信奉各种体系的投资人。而在这一场史无前例的悲喜剧中,又有哪些看似衰朽者正重放异彩,而又有多少红极一时之辈,只能黯然退场?

格雷厄姆的《证券分析》是一本经受了时间和市场检验的经典。它脱胎于20世纪30年代美国著名的大股灾时期,历经美国股票市场的各个阶段,最后的结果便是,越来越多的投资者成为格雷厄姆的忠实信徒,其中

价值投资路线图
格雷厄姆智慧家族的制胜之道 » »» »»»

包括股神巴菲特。

然而,在中国,令人遗憾的是,很多投资者都认为这固然是一本经典读物,但和今天的证券市场相比,其理念早已过时了。因此,绝大多数购买了此书的读者,也不过是把它作为装点书架的饰品,"必高束焉,庋藏焉",更遑论仔细研究,并指导自己的投资实践?

当然,对于一部近百万字的巨著,又是如此专业,行文略显枯燥,要想读懂谈何容易?如果不得门径而入,即便是一座宝山,也会迷失其中而茫然无所得。确需有人来对《证券分析》进行解构,对格雷厄姆的投资体系进行系统研究,来帮助更多的中国投资者掌握其投资方法。本书不揣浅陋,希望对此能有所贡献。

本书把格雷厄姆和他的信徒们描绘为一个智慧家族,这个喻义来自于格雷厄姆最忠实的弟子巴菲特。他在一次演讲中,称格雷厄姆为这一智慧家族共同的家长,而"这一共同的智慧家族很值得研究"。

本书正是循着这个思路,发凡起例,展开对价值投资家族的追本溯源。其中最为重要的部分,就是对于格雷厄姆思想体系的分析和解读,体现在三个方面。

首先,在学术研究上,本书通过对格雷厄姆、巴菲特等人原著的互相参证,希望纠正许多在当前投资界流行的谬误。比如,关于对格雷厄姆的评价,关于巴菲特与格雷厄姆的关系,等等。通过以上流行谬误的订正,作者试图完成对价值投资理论体系的完整描绘。那就是,价值投资理论体系源之于经济学基本原理,由格雷厄姆系统架构,再由巴菲特等一众弟子在实践中发扬光大,并将其进一步完善。

第二,解构做得再好,也只是第一步。投资是一件实战性极强的事情,

> >> 自 序

纸上谈兵不行。本书通过解析以格雷厄姆为代表的价值投资体系，希望起到指导投资实践的作用。

在对格雷厄姆的代表作《证券分析》进行解读的时候，本书通过一张图表将其核心体系全部浓缩进去，在图表中，不仅把格雷厄姆证券分析的思路全部囊括其中，还为智慧家族成员找到了相对应的位置。图表中把投资与投机，定性分析与定量分析，企业的内在价值因素和未来价值因素等概念全部装进去，进而推导出安全边际的概念，一目了然。相信在投资实践中，你把这张图表带在身边，经常看看，可以提醒自己理性把握投资机会，不要又重新回到过于狂热和过于恐惧的老路上。

最后，本书中把价值投资的大师们比喻为一个智慧家族，从而系统梳理了这些原来看似分散的投资家们的传承关系，希望有一定的创新意义。

众所周知，巴菲特是格雷厄姆的亲传弟子，但是其他投资家和格氏的传承关系却很少有人注意。本书将诸多投资大师熔于一炉，借用巴菲特智慧家族的巧妙比喻，指出"在投资世界里，有相当多的掷硬币赢家都来自于一个很小的智力部落——一个叫作格雷厄姆-多德追随者的群体"，实际上是以人物为轴，尝试做一些价值投资简史的工作。

当然，投资是一件非常复杂的事情，越进行深入的学习研究，越觉得深不可测。很多美好的愿望，终因力有所不逮，而不一定如愿。只希望这本小书，能为有志于用投资的方法走上自由之路的人们提供一种借鉴。

本书在出版过程中，得到了很多朋友的鼓励和支持，感谢姚斌先生为本书写了很好的序言，感谢巴曙松、任泽平、水皮诸先生为本书写了推荐语。另外，赞赏出版的CEO陈序，出版人黄昕，财经图书出版人、北京文苑文化发展公司副总经理江涛，编辑樊玉英，没有他们，我可能没有勇气做出这样的尝试，在此一并谢过。

  还有我的家人，在我写作遇到困难时，他们始终是我的坚强后盾，尤其是2016年将要参加高考的儿子，他是我的书稿的第一读者。最后，把本书献给我的父母，感谢他们对我的养育之恩。

邹志峰谨识于成都双水岸庐

2015年12月

目录 CONTENTS

» 引 言
通往自由之路

- 001·2008，遭遇"地震"
- 003·第一次投资启蒙
- 006·平生第一次买到一只五倍股
- 006·开始对自由的追求
- 010·自由的基础
- 012·寻找更高层次的自由
- 014·找到一条通往自由之路
- 017·格雷厄姆智慧家族的大家庭
- 019·价值投资是一种信仰

» 第一章
智慧家族祖训：《国富论》中揭示的投资法则

- 029·自然率：自然价格（代表价值）是中心价格
- 041·专注、能力圈和长期投资

第二章

智慧家族家规：格雷厄姆的知识体系

056·一张图表搞懂"家长"的知识体系

072·普通股投资的新准则：安全边际

081·家长的训诫：方法、技术及其他

第三章

笑傲江湖的巨擘：巴菲特的守正与出奇

107·在定量分析的前提下，更侧重于定性分析

113·放弃对前景不好企业的收购，只买入优质企业

127·聚焦估值方法：现金，现金，还是现金

140·两个流行的谬误

第四章

投资群星闪耀时：巴菲特的兄弟们

147·夜大学生：沃尔特·施洛斯

152·杂货店里的淘宝客：特维迪-布朗

155·投资哲学家：查理·芒格

第五章

一本万殊：智慧家族的亲友团

169·费雪：专注于好公司的标准研究

184·林奇：从身边小事发现十倍股

196·邓普顿：坚持逆向投资策略

第六章

爝火不息：智慧家族的中国面孔

206·与巴菲特最神似的华裔投资人：段永平

211·最上镜的中国价值投资者：赵丹阳

213·巴菲特见到的第一个北京股东：杨天南

217·尾声

引言
通往自由之路

士之读书治学，盖将以脱心志于俗谛之桎梏，真理因得以发扬。思想而不自由，毋宁死耳。斯古今仁圣所同殉之精义，夫岂庸鄙之敢望。先生以一死见其独立自由之意志，非所论于一人之恩怨，一姓之兴亡。呜呼！树兹石于讲舍，系哀思而不忘。表哲人之奇节，诉真宰之茫茫。来世不可知者也，先生之著述，或有时而不章。先生之学说，或有时而可商。惟此独立之精神，自由之思想，历千万祀，与天壤而同久，共三光而永光。

——陈寅恪《清华大学王观堂先生纪念碑铭》

2008，遭遇"地震"

2008年5月12日，8级地震突袭四川。彼时，中国股市也正在飞流直下。5·12当天，沪指低开于3548.61点，收盘微涨，收于3626.98点。那时，距离2007年最高的6124点，已是腰斩近半。当时更无法预见的是，在随后

价值投资路线图
格雷厄姆智慧家族的制胜之道 » »»

不到半年的时间里，股指竟会跌到1600多点。

对于一个1996年就进入股市的老股民来说，经历过太多的起起伏伏，但饶是如此，这一次也实在是让人沮丧。更何况自己还曾经是财经类媒体的主编，身边围绕着一群财经专业人士。他们有着各种各样的消息渠道，神算子一样的K线分析能力，在牛市之中，好像可以点石成金。

有一次，一个证券编辑（当时这家伙对我来说，就像是神一样的存在）在我办公室门口大叫一声："快买XX股票！"于是，办公室里一帮人马上打开电脑，纷纷下单。我甚至对他说的这只股票所代表的公司一无所知！

但就在确信沪指已剑指万点大关时，就在自己时时提醒一定记住随时跑路时，就在一再告诫自己这一次不可太贪时，我的账户资产也已然缩水一半。当时除了悔恨和迷惘之外，似乎已经没有其他记忆了。

多年以后，读到巴菲特对于**网络股泡沫**破灭的描述，我不禁拍案叫绝。在2000年度致股东的信中，他讲述了一则灰姑娘的故事：

投资与投机的分界，历来就不会明朗和清晰，尤其是当大多数市场参与者享受着最近的胜利时，更是如此。毫不费力地得到一大笔钱，会使人们无法理性地思考。在那种令人陶醉的经历之后，通常情况下，即便是敏感的人们，也会像舞会上的灰姑娘那样，开始飘飘然起来。他们知道，在这场盛宴中待得太久，漂亮马车和马就会变成南瓜车和老鼠。但不管怎样，他们不愿在这样一场盛大的晚会中少待哪怕一分钟。因此，有点头晕目眩的参与者，都计划在午夜到来之前的几秒钟内离开。但是，有一个问题：舞厅墙壁上的挂钟根本没有指针！

引 言
>> 通往自由之路

> **小贴士**
>
> **美国网络股泡沫：**互联网泡沫（又称科网泡沫或dot泡沫）指自1995年至2001年间在欧美及亚洲多个国家股票市场中的投机泡沫，与科技及新兴的互联网相关企业股价高速上升的事件。2000年3月10日，NASDAQ指数到达5048.62点最高点时达到顶峰。在此期间，西方国家股票市场的市值在互联网板块及相关领域带动下快速增长。这一时期的标志是成立了一批大部分最终投资失败，通常被称为"COM"的互联网公司。

回想自己当时的表现,不就是这样一个时时盯着没有指针的挂钟的"灰姑娘"吗？

第一次投资启蒙

在整个投资生涯中，直到"偶遇"彼得·林奇后，我才获得了第一次投资启蒙。

之前我很少看投资类书籍，总觉得那些都是骗人的玩意儿。比如写巴菲特的书就很多，我也买了几本来看，总感觉不得要领。很多理念固然好，

价值投资路线图
格雷厄姆智慧家族的制胜之道 > >> >>>

但仿佛离自己很远，根本无法应用。

一天闲来无事，到家门口的小书店随便转转，架子上有一本书。黑色的封面上是一个白发苍苍的"老人"，书名也和许多"骗人"的投资类书很像，叫《彼得·林奇的成功投资》。反正无事，于是抽出来顺手一翻。但还没有看完前言，我已经被它征服。平实诙谐的文笔，加上新颖的投资观点，让我立刻把它买了下来。

通读过后，感觉就像黑暗的夜空中划过一道闪电，照亮了我的投资人生。后来，发现很多服膺于价值投资的人都有如此感受：一种如梦初醒的感觉和激动。

就连巴菲特描述他看到刚出版的格雷厄姆的新书《聪明的投资者》时的感受也是如此："就像看到了一道光！"[1]

而《巴菲特之道》的作者罗伯特·哈格斯特朗，在前言中描述他第一次读到伯克希尔年报时的感受："接下来发生的事情用言语难以形容，一夜之间，我的整个投资观被颠覆了……接下来的日子里，我充满了目标感。"

中国的投资人杨天南在描述他首次读到《巴菲特之道》时的感受也说："一本有关巴菲特投资思想的书首次出现在我的生命中，如同黑屋中忽然射进一道灿烂日光，又如茫茫暗夜中的航船发现了指路明灯，令我懂得了投资的真正意义。"[2]

这是不是很奇妙？这样的感受从格雷厄姆提炼出价值投资体系后，就

---

[1] 哈格斯特朗：《巴菲特之道》，机械工业出版社，2015，第10页。
[2] 哈格斯特朗：《巴菲特之道》，机械工业出版社，2015，译者序。

一代代薪火相传，有这样被瞬间电击般感觉的人一定还有很多很多。

也许正如巴菲特在《格雷厄姆-多德式的超级投资者》一文中所描述的："让我感到非常奇怪的是，人们要么会瞬间接受以40美分买进1美元的东西这一理念，要么永远也不会接受这一理念。这就像向某人灌输某种思想一样，如果这一理念不能立刻俘获他，即使你再跟他说上几年，拿出历史记录给他看，也无济于事。他们就是不能掌握这一概念，尽管它是如此简单明了。像里克格林这种人，虽然没有受过正式的商业教育，却能马上理解这种价值投资法，并在5分钟后将其应用于自己的实战。我从来没见过什么人是在10年间逐渐接受这一理念的。这种事情与人的智商或教育背景无关，你要么马上理解它，要么一辈子也不会懂。"[1]

是的，这是一种奇怪的电闪雷鸣般的力量。

林奇那本书中的很多观点，对我就像当头棒喝，如狮吼一般（对此后文详述）。我开始形成自己的一些投资观点和方法，正如林奇所言"你最好在投资之前确定你的投资目标，弄清楚自己的投资态度。因为如果不能事先确定好你的投资目标，又不能坚持自己的投资信念的话，你将会成为一个潜在的股票市场牺牲品"。

我第一次清了仓，要知道，这在以前是不可能的。我决心用林奇提供的投资导航仪来重新寻找自己的目标。

---

[1] 格雷厄姆：《聪明的投资者》，人民邮电出版社，2011，附录。

▶ 平生第一次买到一只五倍股

在和成都一家知名装修公司老板闲聊时，他提到一家叫**金螳螂**的公装公司（公共建筑装饰装修公司）。金螳螂在上市前想收购这个老板的公司，以补充自己的家装业务线，但是他没有同意，现在很后悔。因为这家公司上市后呈现出飞速发展的良好态势，他失去了一次搭快车的机会。

回家后，我立刻查阅了金螳螂的资料。这是我第一次单独研究一家上市公司，而不是随便听什么消息。我发现这家公司名字虽古怪，但每年的净利均稳定增长，而它的分红策略也非常规律，这在当时的 A 股中并不多见。

同时，金螳螂是公装行业龙头，连续多年拿到鲁班奖，加上闲聊中听来的管理团队的执行高效敬业，我发现这是一家不可多得的好公司。我试着慢慢买入。

当时，我对自己的判断还没有信心。但就是这样一只在林奇理念指导下选择的股票，让我的总资产很快回到并超过了 6000 点时的规模。平生第一次买到了一只五倍股！

▶ 开始对自由的追求

但这不过就是一个新啼初试，我并没有在投资的道路上进一步深入

# 引 言
>>> 通往自由之路

下去。随后的几年中,我又重回樊笼,被乱七八糟的琐事缠身。

投资,对我始终不过就是业余爱好,更不用说逐步形成一套完整的投资体系了。对于价值投资而言,最宝贵的是时间以及随时间而产生的**复利**。但是,宝贵的时间就这样轻易被挥霍了。

> **小贴士**
>
> **复利**:复利是指在每经过一个计息期后,都要将所生利息加入本金,以计算下期的利息。这样,在每一个计息期,上一个计息期的利息都将成为生息的本金,即以利生利,也就是俗称的"利滚利"。
>
> 金融学上有所谓的"72法则",用72除以增长率估出投资倍增或减半所需的时间,反映出的是复利的结果。举例来说,假设最初投资金额为100元,年利率9%,要想计算本金翻倍的时间,使金额滚存至200元,就利用"72法则",用72除以9(增长率)得8,即需约8年时间。虽然利用"72法则"不像查表计算那么精确,但也已经十分接近了,因此当你手中缺少一份复利表时,记住简单的"72法则",或许能够帮你不少的忙。
>
> 爱因斯坦曾说过"复利的威力比原子弹还可怕"。对于一个刚刚起步、拥有良好基础素质和条件的年轻人,复利型的职业规划,是成长之路中最直接、最有效的方法,不但对年轻人自身,更对他的家庭以及他将工作的企业都非常有价值、有意义。

2014年,我遇到了人生中第二次更大的风波。这一次挫折,让我更清楚地看到人的消极面:一些人为了一点蝇头小利,可以不择手段;而

价值投资路线图
格雷厄姆智慧家族的制胜之道 » »» »»»

身边一些所谓的朋友，也可以为了利益，完全不讲任何道义。

但是，我却要感谢这样一次变故，因为它让我对人生有了更深的体悟；同时，再一次从琐事中脱身出来，认真考虑人生的意义和投资的价值，那就是——对自由的追求。

是的，仿佛绕了很大一圈，才回到人生正途——对自由的渴求。

学生时代，在读殷海光的书时，接触到了**哈耶克**的思想，更加深了我对自由的向往。哈耶克在其划时代的著作《通往奴役之路》中说："在竞争的社会里，穷人的机会比富人的机会所受到的限制要多得多。这一

小贴士

哈耶克：弗里德里奇·哈耶克（1899—1992）Friedrich August Hayek，奥地利裔英国经济学家，新自由主义的代表人物，1974年诺贝尔经济学奖得主。其代表作品有《致命的自负》《通往奴役之路》《货币理论和经济周期理论》《物价与生产》《自由秩序原理》等。

自由是哈耶克永恒的理想。他继承了18世纪启蒙思想家的思想，从个人主义出发，强调维护人的自由。这种自由包括政治自由、思想自由和经济自由。其中，经济自由是自由的基础。实现经济自由的途径是实行市场经济，让市场机制充分发挥调节作用，让人们在市场中进行自由竞争。因此，市场经济就是一种由个人主义出发而形成的、能保证人的自由的"自然秩序"，是一种最符合人性的经济制度。

引 言
>> 通往自由之路

事实丝毫也不影响另一事实的存在,那就是在这种社会里的穷人,比在另一不同类型的社会里拥有很大的物质享受的人要自由得多。**虽然在竞争制度下,穷人致富的可能性比拥有遗产的人致富的可能性要小得多,但前者不但可能致富,而且他只有在竞争制度之下,才能够单靠自由,而不靠有势力者的恩惠获得成功。**只有在竞争制度下,才没有任何人能够阻挠他谋求致富的努力。只是因为我们忘记了不自由意味着什么,所以我们常常会忽略这个明显的事实,即在这个国家里,一个待遇很差的非技术工人,比德国的许多小厂主,或俄国待遇很高的工程师或经理,享有更多的自由去计划自己的生活,无论是改变工作或住处的问题,公开发表见解的问题,或者以特定的方法消磨闲暇的问题。尽管为了遵从自己的意愿,他所必须付出的代价有时是很高的,并且对很多人来说,似乎是过高的,但都没有绝对的阻力,不存在对人身安全与自由的危险,来粗暴地把一个人局限于上级为他指定的工作和环境里。"[1]

可见,为自己做主,把握自己的命运,而不是事事由上级为你安排,对于一个有自由理想的人是多么重要。而一个相对公平的竞争环境,对实现自由尤为重要。

---

[1] 哈耶克:《通往奴役之路》,中国社会科学出版社,1997,第100页。

▶ **自由的基础**

那么,自由的基础是什么呢?在该书第七章《经济控制与极权主义》中,哈耶克说:"如果我们力求获得金钱,那是因为金钱能提供给我们最广泛的选择机会,去享受我们努力的成果。因为在现代社会里,我们是通过货币收入的限制,才感到那种由于相对的贫困而仍然强加在我们身上的束缚。许多人因此憎恨作为这种束缚的象征的货币,但这是错把人们感到一种力量存在的媒介当作原因了。更正确地说,钱是人们所发明的最伟大的自由工具之一。"[1]

拥有足够的财富,实现财务自由当然是其他一切自由的前提。但是有钱就自由了吗?难道赚足够的钱就是人生的目的吗?

我看到的是许多有钱的人,却过着提心吊胆的生活。有些人终日算计别人,把一切竞争对手视为敌人,必欲除之而后快;有些官二代、富二代穷奢极欲,糜烂的生活难掩其空虚的心灵黑洞。这样的人生,不管他们多么有钱多么有权,难道是幸福的吗?

那么,人生的自由,在财务自由的基础之上,就应该有第二个境界。正如英国人约翰·密尔在《论自由》中所说:"(人类自由的适当领域)包括:

第一,意识的内向境地,要求着最广义的良心的自由;要求着思想和感想的自由;要求着在不论是实践的或思考的,是科学的、道德的或神学

---

[1] 哈耶克:《通往奴役之路》,中国社会科学出版社,1997,第 88 页

引 言
> >> 通往自由之路

的等等一切题目上的意见和情操的绝对自由。说到发表和刊发意见的自由，因为它属于个人涉及他人那部分行为，看来像是归在另一原则之下；但是由于它和思想自由本身几乎同样重要，所依据的理由又大部分相同，所以在实践上是和思想自由分不开的。

第二，这个原则还要求趣味和志趣的自由；要求有自由制定自己的生活计划以顺应自己的性格；要求有自由照自己所喜欢的去做，当然也不规避会随之而来的后果。这种自由，只要我们的所作所为并无害于我们的同胞，就不应遭到妨碍，即使他们认为我们的行为是愚蠢、悖谬，或错误的。

第三，随着单个人的这种自由而来的，在同样的限度之内，还有个人之间的相互联合的自由；这就是说，人们有自由为着任何无害于他人的目的而彼此联合。只要参加联合的人们已经成年，又不是出于被迫或受骗。"[1]

这种思想自由和讨论的自由，是一种良心自由，也是在更高层面上获得的精神自由。

"人类历史上最丑恶的一段的特点是专制的泛用和受强有力政府的控制。如果要自由出现并存在，就必须把政府限于其立法与道德的工作……有证据表明，个人有更大的自由度的地方，繁荣和财富积累水平也越高。但应该把繁荣和财富作为自由附带的利益。在道德上自由优先，而首要的利益在于尊重个人。"[2]

---

[1] 约翰·密尔：《论自由》，商务印书馆，1959，第12页。
[2] 迈克尔·帕金在访问经济学教授沃尔特·威廉姆斯时，提问"哪些重要思想在你自己的思想中被证明是至关重要的"，威廉姆斯教授如是回答。《走近经济学大师》，华夏出版社，2001，第92页。

之前，自由对我而言，一直是一个朦朦胧胧的影像，无法清晰地表达。现实的困境十几年来更是时时困扰着我。现在逐渐清晰的是，在财务自由的基础上，努力实现精神自由的第二境界，尊重自我，尊重个人。

寻找更高层次的自由

但是这好像仍然不够。难道躲进小楼成一统，就可以获得人生的幸福和快乐吗？总感觉还欠缺什么。就如同佛教中的小乘和大乘的区别，到底是只讲求自我修行，还是可以通过自身努力来最大化地帮助需要帮助的人们，这是不同层次的心法追求。

李叔同在讲解《心经》的菩提萨埵时是这样解释的："菩提，觉，以智上求佛法；萨埵，有情，以悲下化众生。故称菩提萨埵。"[1]

通过个人的努力，能完成自身的精神自由，固然已属不易，但要达到大乘佛教中的菩提萨埵，兼能济世的程度，方能到达自由的最高境界，那就是帮助他人的自由。其实，在我们身边就有着许许多多用自己的绵薄之力尽量帮助他人的"菩萨"。

偶然翻起一本流行书籍——《富爸爸财务自由之路》，书中提到"对我的富爸爸而言，下面这些才是最重要的：有时间教育孩子，有钱捐

---

[1] 李叔同：《李叔同解经》，陕西师范大学出版社，2007，第23页。

引 言

>>> 通往自由之路

赠给他所支持的慈善机构和慈善工程,为社区创造就业机会,维护经济稳定,有时间和金钱照顾自己的健康,能够与家人周游世界"。[1]

支持慈善机构,为社区创造就业机会,帮助维护经济稳定,不正是这样的自由状态吗?财务自由不过是自由的起点,在此基础上,达致心灵的自由,而最终能够获得帮助他人的能力,用自己一点微薄之力,切实行动,来一点一滴改造我们这个并不完美的社会和国家,而不是只停留在口头上的抱怨和责难,这才是最高层次的自由。

古罗马政治家西塞罗在《论老年》中曾说:"晚年的最佳保护铠甲是一段在它之前被悉心度过的生活,一段被用来追求有益的知识、光荣的功绩和高尚举止的生活;过着这种生活的人,从青年时代就致力于提升他自己,而且将会在晚年收获它们产生的最幸福的果实;这不仅是因为有益的知识、光荣的功绩和高尚的举止,将会陪伴他终生,甚至直到生命的最后一刻,也会因为见证了正直的人生良心和对过往美好功绩的回忆,将会给灵魂带来无上的安慰。"[2]

是啊,一段被悉心度过的生活应该是对这种最高自由境界的追求,而绝不是天天做着自己并不热爱的事情,徒然耗费宝贵的生命。

但是,作为一个普通人,非富非贵,又如何获得光荣的功绩,从而有能力做出高尚的举止,实现人生的自由境界呢?

巴菲特的合伙人查理·芒格给了我们答案。

在芒格《穷查理宝典》一书的中文版序言中,一位华裔投资者写道:

---

[1]清崎:《富爸爸财务自由之路》,南海出版社,2008,第17页。
[2]查理·芒格:《穷查理宝典》,上海人民出版社,2010,序言。

"查理是一个完全凭借智慧取得成功的人,这对于中国的读书人来讲,无疑是一个令人振奋的例子。他的成功完全靠投资,而投资的成功又完全靠自我修养和学习。这与我们在当今社会上所看到的权钱交易、潜规则、商业欺诈、造假等毫无关系。

作为一个正直善良的人,他用最干净的方法,充分运用自己的智慧,取得了这个商业社会中的巨大成功。在市场经济下的今天,满怀士大夫情怀的中国读书人是否也可以通过学习与自身修养的锻炼,同样取得世俗社会的成功,并实现自身的价值及帮助他人的理想呢?"

巴菲特、芒格靠价值投资成就了精彩的人生,实现了财务自由、心灵自由和帮助他人的自由,这不正是菩提萨埵式的人物吗?联想到之前从彼得·林奇那里获得的教益,我豁然开朗,发现了自己应该紧紧追随的人生道路!一条通往自由之路!

找到一条通往自由之路

我发现自己竟然如此热爱投资活动。

之前有过的积累:参与了一家优秀企业创业的全过程,见证了一家好的企业所应有的血脉和肌理,同时也看到这样一个企业如何由盛而衰;还亲自参与创办了两家企业,虽然都以失败告终,但是也因此对企业内在的组织逻辑有了更深刻的认识,还学习了最基本的财务知识,这些都对投资

引言
> >> 通往自由之路

有着重要的实践意义，让我对于上市公司可以有更好的把握。

但是只有这些还远远不够。我开始系统学习格雷厄姆的《证券分析》《聪明的投资者》，巴菲特历年度致股东的信，芒格的演讲录《穷查理宝典》，费雪的《寻找成长股》，等等。其他关于巴菲特的二手读物更是看了很多。

在系统阅读和投资实践过程中，我发现前人很多关于价值投资的说法，包括很多描述巴菲特等人价值投资之道的书籍，仍有一些不尽客观，或者没有切中要害之处。有些观点似是而非，模棱两可，对于学习者而言，指导性不强。

在和业内一些专业投资人士交流时发现，很多基金经理或私募公司老总级人物，都认为价值投资固然好，却不适用于中国资本市场。比如在2014年开始的跨年度牛市中，创业板中所谓成长股的价格已经飞上了天。大家困惑的是，如果按照价值投资的理论，很可能错过一轮超级大行情。而伴随着创业板的一路飙升，各种怪论也相继出现，什么传统估值方法已经不再适用于中国股市，炒股不用再看**市盈率**，等等。这也让信奉价值投资的人士异常困惑。

巴菲特在《格雷厄姆-多德式的超级投资者》一文中说，"在投资世界里，有相当多的掷硬币赢家都来自于一个很小的智力部落——一个叫作格雷厄姆-多德追随者的群体。如此多的赢家集中于这样一个智力部落，其原因绝非可以用随机因素来解释"，"在我们所考虑的这一群成功的投资者中，他们的智力来自于一个共同的家长——本杰明·格雷厄姆。但是，离开这个智慧家庭的孩子们，是在以不同的方式猜测'掷硬币的结果'。……他们的家长只是在如何猜测掷硬币的结果方面建立了

价值投资路线图
格雷厄姆智慧家族的制胜之道 >> >>>

一套理论，但每个学生是根据自己的方式来对理论加以应用的"，"我认为，我们所说的这一共同的智慧家族很值得研究"。[1]

这样一个智慧家族的存在引起了我的极大兴趣。如果对它加以系统研究，找出价值投资的清晰脉络，会廓清市场上弥漫着的思想混乱，对于我们这些在股海中沉浮的投资者无疑有着巨大的指导意义。

> **小贴士**
>
> **市盈率**：（Price earnings ratio，即 P/E ratio）也称"本益比"、"股价收益比率"或"市价盈利比率（简称市盈率）"。市盈率是最常用来评估股价水平是否合理的指标之一，由股价除以年度每股盈余（EPS）得出（以公司市值除以年度股东应占溢利亦可得出相同结果）。计算时，股价通常取最新收盘价，而EPS方面，若按已公布的上年度EPS计算，称为历史市盈率（historical P/E）；计算预估市盈率所用的EPS预估值，一般采用市场平均预估（consensus estimates），即追踪公司业绩的机构收集多位分析师的预测所得到的预估平均值或中值。何谓合理的市盈率？市场上一般没有一定的准则。

---

[1] 格雷厄姆：《聪明的投资者》，人民邮电出版社，2011，第 360—362 页。

引 言

>>> 通往自由之路

格雷厄姆智慧家族的大家庭

这个家族应该有一个远祖,那就是亚当·斯密。斯密的《国富论》被誉为经济学的圣经。

在亚当·斯密之前,也有很多人研究经济学,但他使经济学成为一门科学。这也正像大家对格雷厄姆的评价,只有在他的研究之后,投资学才成为一门学问。

尽管在格雷厄姆的著作中并没有直接引用过《国富论》的语句,但在《证券分析》中却大量隐含了《国富论》中表述的经济学原理。

投资学作为经济学的一个分支,离不开基本的经济学原理,比如关于价格围绕价值波动的原理,以及格雷厄姆关于市场先生的著名比喻,和斯密的"看不见的手"也有着异曲同工之妙。《国富论》中关于自由竞争的原则对于价值投资者的影响不可忽视。

巴菲特在《证券分析》第6版推荐序言中曾说:"在我丰富的藏书中,有四本我特别珍视……它们中的两本分别为亚当·斯密的《国富论》第一版(1776)和本杰明·格雷厄姆的《聪明的投资者》(1949)。"巴菲特也在他历年给投资人的信中多次提及亚当·斯密。

因此,对价值投资的经济学原理进行追根溯源,有助于我们树立更坚定的价值投资理念,也让我们明白,离开经济规律的蛮干、乱干,可以红火一时,却难逃失败的悲惨结局,这已经被历史实践多次证明。

在找出远祖血脉之后,当然是对于智慧家庭的家长格雷厄姆的分析与解读了。格雷厄姆是这个家庭智慧理论的奠基者,他所提出的分析框架一定会影响所有的家庭成员。所以，把他的分析框架清晰提炼出来，并且理清和其他家庭成员的关系，就是重中之重。

因为正如巴菲特所说，"他们的家长只是在如何猜测掷硬币的结果方面建立了一套理论，但每个学生是根据自己的方式来对理论加以应用的"，这样的理论对于每个人来说，就有着重要的指导价值。

在研究中，我惊奇地发现，现在流行的关于格雷厄姆的观点，竟然存在着大量误读，即使一些经典著作亦如是。我试着对此进行修正。

接下来，则是家族的重量级成员巴菲特。从巴菲特历年度致股东的信中，可以清晰地看到，他如何遵循格雷厄姆的知识体系，同时又做出重大的发展和进化。

巴菲特的研究现在已是显学，对于他的研究著作可以说是汗牛充栋。但是从巴菲特如何承格氏衣钵而又能发扬光大的角度来看，却给我带来很多新启发。

之后则在"直系亲属"中，选取沃尔特·施洛斯、布朗家族（汤姆·纳普）、芒格等逐一解析，重点弄清楚不同的成员又是如何"根据自己的方式对理论加以应用的"。

最后将对一些"远亲"，比如费雪、林奇、邓普顿等人进行研究。他们的投资理论与格老也是一脉相承，同时也与各家庭成员有强烈的互补关系。比如费雪集中研究对优秀企业的定性分析部分，而林奇则用讲一个完整故事的比喻，来引导我们如何从身边事物中发现优秀公司，邓普顿则重在逆向投资方法的运用。

以上所有的解读均从家庭成员的原著出发，确保是其投资理念忠实和本质的记录。在这一点上，我严格依据原著，大量引用原文，努力做到无一字无来历,无一句无出处。因为在星光灿烂的诸位投资大师面前,再创新地提出新的投资理念的价值为零。

所以,我要做的,就是对诸位大师的文字、言论,严格按其原意做出梳理。重点是通过对格雷厄姆智慧家族的研究,对价值投资这一大家庭来一次全景扫描,对我们这些价值投资的追随者来说,达到学以致用,指导实践的目的。当然也希望通过这样系统的经典阅读,有更多的人加入到格雷厄姆的智慧家族中来,用正确的投资行动,为自己找到一条通往自由之路。

价值投资是一种信仰

最后,我想再次强调的是,价值投资首先应该是一种信仰,是对经济规律和市场法则的坚信不疑,坚信这是一条实现人生价值与自由的可靠道路。

格雷厄姆说:"价值投资需要坚定的信念,以不同于常人的方式思考做事,而且需要耐心等待遥遥无期的机遇。"

像巴菲特、林奇这样的投资大师都一再强调投资信念,这应该成为一种常识和必须遵从的规则,应该像信仰一样化入自己的血脉。因此,巴菲特在《格雷厄姆-多德式的超级投资者》一文中,谈到价值投资时用了"皈

价值投资路线图
格雷厄姆智慧家族的制胜之道 > >> >>>

依"一词。

在2001年度致股东的信中,巴菲特提到在1955年,格雷厄姆-纽曼公司仅有五名员工,他是其中之一。当时公司掌控着一家专门生产无烟煤的公司,"我将个人有限的资金大部分投资到这家公司里,此举充分反映我对老板们——包括格雷厄姆、杰瑞·纽曼以及霍华·纽曼等人投资哲学的信仰"。

2015年5月,当我写下这段文字时,中国股市又在经历着一轮疯狂。创业板被称为"神创板",一些股票被炒到100多倍的PE(市盈率)。短短几个月,股价可以上涨十几倍,只是因为它们的名字中带着一些互联网的概念,而根本不管其是否有盈利能力。

于是,很多人批评中国的市场不成熟、中国人赌性重等等。似乎也更印证了很多人的观点,认为价值投资只能在美国这样的成熟市场中有效,在中国这种赌性很重的市场会沦为笑柄。

事实上,即便在美国,也在循环往复地上演着疯狂的股市闹剧,这是人性所决定的。巴菲特曾推荐过的《金钱游戏》一书中说道:"我喜欢1961年,我也喜欢那些能卖到100倍市盈率的股票。问题是,1961年很快过去了,随之而来的是1962年。这一年,每个人都用股票糊游戏室的墙壁,股票变得不名一文。"[1]

而就在十几年前,美国不又经历过一次超级疯狂吗?在那一波科网股泡沫中,只要带上一个".COM"的后缀,股价就可以一飞冲天。

1999年,美国《连线》杂志刊载了乔治·吉尔德的访谈,"我并不认

---

[1] 亚当·斯密《金钱游戏》,广东经济出版社,2011,第207页。

引 言
>>> 通往自由之路

为网络企业价值评估很疯狂,我认为这种评估反映了人们从根本上接受了巨大的机会。事实上,所有的预测都估计互联网流量在未来5年大约会成千倍增长。这意味着,如果你现在代表一家互联网公司,你处理的仅仅是两年内潜在流量的0.1%而已。照这种速度,互联网流量10年后将会百万倍的增长"。[1]这样的言论和今天许许多多的分析师、投资理论家的言论又何其相似。

更有甚者,1999年12月,《华尔街日报》刊载了一篇文章,一名成了日内交易者的社会工作者炫耀自己的股票交易技巧,想与巴菲特一较高下。文章的结尾是:(向我)学学吧,沃伦·巴菲特。

"尔曹身与名俱灭,不废江河万古流",现在看来这些是多么荒唐和可笑的事情,但是在当时,疯魔和狂热占领了群氓的大脑,人们失去了信仰,忘掉了什么叫常识,却对愚昧津津乐道、垂涎三尺。

歌德说,常识是人类的守护神。"历史不会重演,然而总是押着韵脚",在又一个疯狂时代来临时,希望格雷厄姆的智慧家族能带领我们坚守常识,走上自由之路。

---

[1]《邓普顿教你逆向投资》,中信出版社,2010,第116页。

第一章
CHAPTER ONE

智慧家族祖训：
《国富论》中揭示的投资法则

胜者之战民也，若决积水于千仞之溪者，形也。

——《孙子兵法·军形篇》

如果想在投资这场长期战役中获得胜利，必须先掌握最为基本的经济学道理，这就像是在决战之前，做充分的准备，布好胜利之形。这些经济学原理，要到亚当·斯密的《国富论》里去找。

亚当·斯密（Adam Smith），被称为经济学之父。他的巨著《国富论》，全名为《国民财富的性质和原因的研究》，初版于1776年。就是这本书，让经济学成了一门独立学科。

在斯密之前，人类对经济问题有些零零散散的思考，但是没有形成体系，直到《国富论》横空出世，经济学才算奠定了基础。

从之后的实践看，通过他的理论，小到身边一些有趣的商业现象，大到社会发展中遇到的很多问题，都有了用经济学解释的方法。所以，直到今天，说人类的主流经济学都是建立在他的基础上一点都不为过。

诺贝尔经济学奖得主乔治·约瑟夫·斯蒂格勒就曾经写过一篇文章。他讲了一个有意思的现象，在参加很多学术研讨会时，经常听到的语录是："这个亚当·斯密早就说过！"和"亚当·斯密才没说过这个！"斯密成

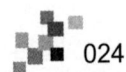

为判别是非的指标。[1]

对于《国富论》的重要性,怎么评价都不为过。哈耶克在《致命的自负》一书中说:"斯密的工作标志着一种进化观的突破,它逐渐取代了静态的亚里士多德观点。19世纪一位宣称《国富论》的重要性仅次于《圣经》的热情分子常常受到讥笑,但是他的夸张或许并不是过甚其词。"[2]

说了这么多,亚当·斯密这样一个经济学大神,还有他分析提炼出的市场经济的规律,这些和股票有什么关系?

当然有。因为股票市场本身就是市场经济的产物。大家都知道,计划经济不需要股票市场,但要搞市场经济,就"要发挥资本市场在资源配置中的重要作用"。

尽管沪深股市刚出生时挺畸形,一度成为拯救破落国企的工具,但现在总的方向还算不错,正在往市场化的方向迈进,越来越遵循市场本身的规律。我们的官员也把"敬畏市场、顺应市场"挂在嘴边了。

在这个大原则下,我们在股市中买卖股票的行为,本质上当然也是一种经济行为,也应该遵循经济学的基本规律。这样的道理说起来简单,每个人只要不傻不笨,仿佛一听都能明白。但是,往往一到实践中,种种背离经济规律和法则的操作行为就全冒出来了。

因为很多人压根就从来没把股票操作和经济学挂起钩来,对于许许多多在股市中拼杀的股民来说,股票是拿来"炒"的。一个"炒"字很传神。说白了,就是大家来玩一场击鼓传花的游戏,在这场游戏中,股民可能连

---

[1] 亚当·斯密:《国富论》,华夏出版社,2005,中译本导论。
[2] 哈耶克:《致命的自负》,中国社会科学出版社,2000,第167页。

价值投资路线图
格雷厄姆智慧家族的制胜之道 >>>>>

自己买入的公司是做什么的都不了解,当然也谈不上对公司的价值做出合理的判断和分析,更别说要在充分估值的基础上,做出理性的选择。

这种"炒"法,一定不会按照基本的经济规律出牌,我把它称之为投机;相反,遵循经济规律的股市操作行为,我将其称之为投资。作为一名真正的投资者(最典型代表就是巴菲特),之所以能长期战胜市场,就是因为其行为严守投资纪律,而投资纪律正是经济规律的集中体现。

投资和投机,一直是在讨论证券分析方法之前首先需要弄清楚的概念。很多人会说,炒股就是炒股,干吗还那么费事?这个问题有那么重要吗?是的,非常重要。这是因为在进入资本市场之前,首先要"站队",你要走哪一条道路。也就是说,你到底想成为哪一类市场参与者,决定了你最终会取得什么样的业绩表现。

主观上,对自己"入行"之后所选择的路径有清醒的认识,有助于形成自己的投资体系和核心理念,所以,格雷厄姆在《证券分析》和《聪明的投资者》两本书中都开宗明义,先告诉大家什么是投资,什么又是投机,而且反复提醒不要把两者混淆。

《证券分析》中对投资和投机是这样定义的:"投资运作是根据深入分析,承诺本金安全以及回报率令人满意的操作。不符合这些条件的操作则是投机。"这里的深入分析,"当然是指根据安全和价值标准对事实进行研究"。[1]

随后,他又补充道,"投资运作是可以在定性和定量两方面均被证明合理的操作"[2]。这里所说的"合理",我的理解就是合乎道理,合乎经济学

---

[1] 格雷厄姆:《证券分析》,中国人民大学出版社,2013,第114页。
[2] 格雷厄姆:《证券分析》,中国人民大学出版社,2013,第115页。

# 第一章
>>> 智慧家族祖训：《国富论》中揭示的投资法则

的基本原理。

简单说，在购买一只股票前，你对这只股票代表的公司是不是首先进行了深入分析？分析的基础是这只股票有多少价值？用这样的价格买入是不是安全？

如果能够承诺本金安全，又能取得较好的回报（令人满意的回报一定不是一夜暴富，巴菲特认为能令他和芒格满意的回报就是跑赢标普500指数），这就是投资行为。如果买入一只股票前，根本不进行深入分析，只是听到别人神秘地在你耳边悄悄透露了一些内部消息，或者股票的名字很好听等等，就匆忙买入，当然无法确保本金安全，也谈不上一定会有让你满意的回报率，更可能的情况是血本无归，这就是投机。[1]

《聪明的投资者》一书中，把"投资与投机：聪明投资者的预期收益"放在第一章，作为立论基础，也说明这个问题在格雷厄姆心目中是多么重要。

他更告诫说："不要把你的投机操作与投资操作放在一个账户中进行，也不能在思想上将二者混为一谈。"[2] 如果在思想上不能清楚地认识到你是在投资，还是已经处于狂热的投机心态，那么你就已经处于危险的状态中了。

---

[1] 在对投机的分析中，格雷厄姆将投机划分为理性投机和非理性投机。理性投机是"经过仔细权衡利弊之后，认为冒险是合理的"，而非理性投机则是"没有充分地研究情况就进行冒险"。由于格雷厄姆经历了美国20世纪30年代的大萧条时期，所以他对于投资的界定偏保守和谨慎。他所说"前景良好的企业都属于理性投机"，实际上从之后长期的投资实践来看，这样的投机应该属于对优秀企业的合理溢价，是完全符合经济规律的。自然这部分看似价格较高的投机行为，也应属投资范畴之内。后文将对此详细解析。

[2] 格雷厄姆：《证券分析》，中国人民大学出版社，2013，第16页。

价值投资路线图
格雷厄姆智慧家族的制胜之道 › » »»

巴菲特在1992年度致股东的信中,对于投资与投机也进行了明确划分,就是在此基础上发展出来的:"我们认为所谓的'价值投资'根本就是废话。若是投入的资金不是为了换取追求相对应的价值的话,那还算是投资吗?明明知道所付出的成本已经高出所应有的价值,而只是寄望在短期之内可以用更高的价格卖出,这根本就是投机行为。当然,这种行为一点都不会违法,也不违反道德。只是就我们的观点来说,只是玩吹气球的游戏而已。"

你投入股市中的钱是想获得更多的价值,还是只想玩玩吹气球的游戏?这就需要你做出选择。选边站队,前者是利用经济规律,深入分析自己心仪的公司,同时能够用相对于价值而言的合理价格买入好的公司;后者则是不管不顾地胡乱下注,"没有充分研究情况就进行冒险",在价格远远高于价值时,买进来玩玩击鼓传花的游戏。这种行为当然和经济规律没有丝毫关系。

这个道理太简单了,只有傻瓜才会选择后者,做出那些不讲规律的蠢事来。但是事实上,股市是非常复杂的交易市场,有些人根据趋势,有些人根据图表,有些人则纯属碰运气。短时间来看,确实有些人撞了运,发了财。不过拉长时间轴,不讲规律的胡搞有好下场的不多。

经济规律最悲剧的就是,它永远让那些不听它的话的人,短期尝到甜头,最后再来秋后算账。但绝大多数的人都会好了伤疤忘了痛,正如黑格尔所说:人类从历史中所得到的教训就是,人类从来不记取历史教训。

那么,我们就要特别警惕,时刻问一下自己,有哪些经济规律是我们必须要谨记的?在经济学的圣经《国富论》中又蕴含了哪些我们必须牢记的"祖训"呢?

# 第一章
>>> 智慧家族祖训：《国富论》中揭示的投资法则

▶ 自然率：自然价格（代表价值）是中心价格

《国富论》第一篇叫"论劳动生产力逐步提高的原因及产品在不同阶层之间自然分配的顺序"，虽然很长、很拗口，但这是全书的基础，也是奠定整个经济学体系的基石部分，所以非常重要。

梳理其思路，其实非常清晰。斯密先生首先从分工入手，他举了著名的制针业的例子。如果不分工，一个工人一天可能连一枚针都生产不出来。但是由于有了分工，十个工人每人每天可以制造出四万八千枚针。分工大大提高了生产效率。这大大提升的生产效率的直接结果就是物质的丰富。东西多了，就要求扩大市场范围，刺激交换，从而催生了货币的起源和大量使用。由于货币的使用，从而引出了商品的交换价值和价格的概念。

说到这里，斯密抛出了三个问题："为了探讨支配商品交换价值的原则，我将力图说明：第一，交换价值的真实尺度是什么？或者说，构成一切商品真实价格的是什么？第二，构成真实价格的不同部分是什么？第三，是什么不同的情况使真实价格的某一部分或全部，有时高于或低于它们自然的或普通的比率？或者说，是什么原因，有时阻碍市场价格，即商品的实际价格，使之不能与可以称为商品自然价格的东西完全一致？"

简单地说，这句话的意思是有了钱，要买东西，就要知道商品值多少钱？商品的价值是多少，又是怎么构成的？而市场上的价格又经常和价值并不一致，这是为什么？

通过分析，斯密指出，劳动是一切商品交换价值的真实尺度。"拥有财富能直接地带给他的权力是购买的权力，即在当时的市场上对所有劳动

价值投资路线图
格雷厄姆智慧家族的制胜之道 > >> >>>

或所有劳动产品的一种支配力",也就是说,富人和穷人的区别在于你能占有和支配别人的多少劳动。

除了劳动外,商品的真实价格(价值)还包含了地租和利润,就是说,一件商品的真实价值一定有实实在在的标准,而不是虚无缥缈,随意裁定的。其内在价值由三部分构成,即地租、劳动(工资)和利润。

接下来在第七章"论商品的自然价格和市场价格"中,自然价格被定义为价值的部分:"当任何商品的价格不多也不少,恰好足够用以支付在生产、制造这种商品,并将其送入市场所使用的土地的地租、劳动的工资和资本的利润时(根据它们的自然比率),这种商品就可以说是按其所谓的自然价格出售的。因此,这种商品就正好是按照它的价值出售的,或者说正好是按照将其送入市场的人的实际成本出售的"。

但在市场上商品的实际价格,却经常偏离它的自然价格,"通常任何商品所出售的实际价格,被称之为市场价格。它也许高于或低于商品的自然价格,也许恰好等于其自然价格"。

为什么会出现这样的情况呢?这是因为,"每一种特定商品的市场价格,是受实际进入市场的商品数量与人的需求比例所支配的。这类人被称为有效需求者,他们的需求可被称为有效需求。……当进入市场的任何商品的数量少于有效需求时,所有那些愿意支付将商品送入市场所必需的地租、工资和利润的全部价值的人,不能得到他们所需数量的供给。其中有些人不愿就此罢休,宁肯出更高的价钱。他们中间随即出现了竞争,而市场价格就会或多或少地高出自然价格,根据短缺数量的多少和竞争者的富有程度,及奢侈习惯所造成的竞争的激烈程度的大小而定。"

以上部分是不是看着有些晕?其实很简单,这就是商品价格围绕价值波动的理论：价值有内在构成要素，但价格就不一定了。随着需求的强弱变化，可能会出现强烈的上下波动，有时甚至大大偏离其自然价格（价值）。

那价格会不会一飞冲天，脱离商品的内在价值呢？答案是不可能。斯密提出了"自然率"的概念：价高了，自然会出现更多的竞争者，迫使价格降低；而价格太低了，则会使竞争者出局，从而减缓竞争，使价格进一步提升，"商品价格的所有组成部分都将升至各自的自然率，而商品的整个价格也将升至其自然价格……因此，自然价格和以往一样是中心价格，所有商品的价格都持续不断地向它靠拢。各种偶然事件有时使它们停留在中心价格之上，有时又迫使它们下降，甚至是略低于其中心价格。但是，不管有什么障碍阻止它们固定在这个静止和持续的中心价格，它们总是趋向于这个中心价格的"。

这种"自然率"是市场的力量，符合人性中逐利的特性。斯密举例说，一次国丧就可能让市场上的黑布价格上升数倍，但最后由于需求的下降，黑布的价格很快也会跌下来，甚至由于人们竞相逐利，生产出更多的黑布，供大于求，价格还会跌到自然价格之下。

联想一下近几年中国奶源市场出现的剧烈波动，可以加深理解。据报道，2013年，中国出现了奶源紧张的局面，一度被称为"奶荒"。各家乳企拼命争夺奶源，奶农也赶忙扩大牧场，引进奶牛。不料才过了一年时间，到2014年底，就出现产能过剩，鲜奶无人收，到处杀牛倒奶。但是还没过一年，又有人预言，2015年底将出现新的一轮奶荒。

这种现象固然和我们的生产机制有关系，但说到底，仍然是供求关系在起作用。格雷厄姆对此的描述是："市场的矫正力量无处不在，它的存在能改变一些行业无利可图的状况，同时减少另一些行业的超额利润。需

价值投资路线图
格雷厄姆智慧家族的制胜之道 › ›› ›››

求不断增加的行业,可能会因为供应增长更快而受挫"[1]。

这种"市场的矫正力量"正是斯密先生著名的"无形的手"的比喻。在《国富论》第四篇《论政治经济学体系》的第二章"论限制进口国内能生产的商品"中,斯密提出了这个为经济学界津津乐道的比喻:"有一只无形的手在引导着他去尽力达到一个他并不想要达到的目标……他追求自己的利益,往往使他能比在真正出于本意的情况下,更有效地促进社会的利益"。[2]

股票市场原本就是市场经济的产物,自然也符合这样的"自然率":股价远远高于其价值时,必然大幅下跌,向其真实价值靠拢;如果股价由于种种原因大大低于其内在价值,也会向上修正,以反映其价值。[3]

以上就是价格围绕价值波动的理论。后世的经济学家都以此为讨论经济现象的基础,不论是自由派市场经济理论,还是马克思计划经济体系,各种经济学原理的教程也无不是以此为讨论起点。

这也是价值投资的理论基础:一只股票代表着一家实实在在的企业,它一定也有实实在在的内在价值。如果市场由于某种原因(原因有很多种,很大一部分原因是心理上的),造成这只股票的筹码高度稀缺,严重供不应求,势必造成股价在一段时间内(甚至可能是较长时间内),大大高于其内在价值;相反,如果股票数量严重供大于求,又可能造成价格大大低于其实际价值,被低估。

这就是格雷厄姆那句名言的意思:短时间看,股票市场是一个投票器,

---

[1] 格雷厄姆:《证券分析》,中国人民大学出版社,2013,第93页。

[2] 亚当·斯密:《国富论》,华夏出版社,2005,第327页。

[3] 当然,经济学上也对市场失灵的问题有许多研究,但首先一定是以市场作为配置资源的前提,这里不赘述。

长时间看,则是一个称重机。他在《证券分析》中是这样阐释的:"分析师的一部分工作是寻找可能被低估或被高估的证券,这与市场价格直接相关。因为他的判断是否准确,很大程度上取决于证券最终的市场价格。这种分析工作建立在双重假设之上:第一,市场价格经常偏离证券的真正价值;第二,当这些偏差存在时,市场会有一个自我纠正的趋势。"[1]

彼得·林奇在《战胜华尔街》的"25条股票投资黄金法则"中也说:"短期而言,比如好几个月甚至好几年,一家公司的业绩表现与其股价表现毫不相关;但长期而言,一家公司的业绩表现肯定与其股价表现是完全相关的。弄清楚短期和长期业绩表现与股价相关性的差别,是投资赚钱的关键。"[2]

这个相关性,就是无论如何,"不管有什么障碍阻止它们固定在这个静止和持续的中心价格,它们总是趋向于这个中心价格的"。

对此,市场上流行着两种不同方向的理论研究,试图形成挑战。一种是市场有效理论,认为股票价格随时充分体现出它的价值,因此,市场上没有低估的股票,人们是不可能战胜市场的。这种理论一度曾在美国的商学院中十分流行,一些经济学家对此津津乐道,并认为巴菲特能战胜市场纯属运气。

巴菲特认为这种学说的荒谬显而易见,因为"市场价格往往是荒谬的",而格雷厄姆-多德派的投资者正是成功地利用了市场的无效率所形成的价格与价值落差,获得了长期战胜标普500指数的业绩。(巴菲特《格雷厄姆-多德式的超级投资者》)

---

[1]格雷厄姆:《证券分析》,中国人民大学出版社,2013,第81页。
[2]彼得·林奇:《战胜华尔街》,机械工业出版社,2009,第283页。

> **小贴士**
>
> **标普500指数**：标准普尔是世界权威金融分析机构，由普尔先生（Mr Henry Varnum Poor）于1860年创立。标准普尔由普尔出版公司和标准统计公司于1941年合并而成。标准普尔为投资者提供信用评级、独立分析研究、投资咨询等服务，其中包括反映全球股市表现的标准普尔全球1200指数和为美国投资组合指数的基准的标准普尔500指数等一系列指数。其母公司为麦格罗·希尔（McGraw-Hill）。
>
> 标准普尔500指数英文简写为S&P 500 Index，是记录美国500家上市公司的一个股票指数。这个股票指数由标准普尔公司创建并维护。

另一个是被称为金融大鳄的索罗斯。他也对市场有效理论提出了批驳，认为"它的错误甚至不值一提"。

但是，他从另一方向挑战价值投资理论。在其《金融炼金术》一书中，他提出"反身性"假说，"参与者的认知缺陷是与生俱来的，有缺陷的认知与事件的实际过程之间，存在一种双向的联系，这导致两者之间缺乏对应。我将这种双向联系称为'反身性'"。[1]

他的反身性理论更多强调的是市场参与者的偏向，而这种偏向"不仅影响市场价格，而且影响所谓的基本面"。反身性"并非无时无刻存在着，

---

[1] 索罗斯：《金融炼金术》，海南出版社，2011，导论第5页。

可是一旦出现，市场价格变化趋势会遵循不同的模式。它们也扮演不同的角色，它们不仅反映所谓的基本面，它们本身也会成为基本面之一而塑造价格的演化。这种递归关系使得价格的深化变得不确定，从而与所谓的均衡价格毫不相干"。[1]

索罗斯试图强调股市中参与者的偏向，对于股票价格形成了莫大影响，从而导致价格完全偏离，而不会回归价值的均衡状态。但是他的书中充斥着各种结论，却缺少具有说服力的推导和证明，很多逻辑也是混乱的。

比如，在第二章"股票市场中的反身性"中，他对价值投资理论进行了说明，他称之为基础性分析。他承认基础性分析是"均衡理论的产物。股票被假定为具有真实的基本的价值，这一价值不一定等于其市场价格。股票的基本价值或者决定于其基本资产的赢利能力，或者决定于同其他同质股票的比价。任何一种情况下，都假定股票的价格在一个时段里趋向于基本价值，从而为基本价值的分析提供一个有用的投资决策的指标"。

但是，他说自己不相信股票价格是潜在价值的被动反映，坚决主张股价总是失真的。在股价中也存在着一种反身性的关系。股价取决于两个因素：基本趋势和主流偏向，这两者又反过来受股价的影响。

但就是在同一章的随后部分，他又称"在任何情况下，反身性的模型都不能取代基本分析，它的作用仅限于提供基本分析中所欠缺的成分。原则上这两种方法可以调和。基本分析试图确立潜在价值如何反映在股票价格中，而反身性理论则表明了股票价格如何影响潜在价值，一幅是静态的图景，另一幅则是动态的"。

---

[1]索罗斯：《金融炼金术》，海南出版社，2011，前言第5页。

价值投资路线图
格雷厄姆智慧家族的制胜之道 > >> >>>

　　分析来分析去，他实际上还是不得不承认价值分析是必要的前提，而他钟爱的所谓"反身性"，不过只是提供一种补充罢了。其实不难看出，索罗斯是一个趋势投机家，他充分把握人性中的偏执和狂热，从而利用股市中的趋势性机会做出决策和判断。套用一句中国的老话，他试图给人们提供一种投资方法，叫"价值为体，趋势为用"。

　　中国的一位投资人——深圳同威投资公司的创始人李驰，曾亲见索罗斯。在他的《中国式价值投资》一书中，他说索罗斯讲到的投资法宝是：安全、常识、专注。这其实和格雷厄姆家族的价值投资路线没有原则性区别。但是在具体操作方法上，他更希望利用已形成的趋势，来把握交易性的机会。

　　李驰在索罗斯的启发下，试图找到一套中国式的价值投资方法。他说："所以我后来基本上没有再谈价值投资，而是一直在讲成长投资。其实，成长投资说白了就是趋势投资。再说白一点，就是博弈式投机！"

　　索罗斯仔细描画了一幅趋势发展的图景："加强的趋势可能在两个方向上左右主流的偏向，它将导致进一步加速的预期或矫正的预期。如果是后者，经过股票价格变化的矫正，这个基本趋势可能继续，也可能终止；如果是前者，则意味着一个积极的偏向发展起来，它将引起股票价格的进一步上涨和基本趋势的加速发展。只要偏向是自我加强的，预期甚至比股票价格还要升得快。基本趋势愈加受到股票价格的影响，与此同时，股票价格的上涨则愈加依赖主流偏向的支撑，从而造成基本趋势与主流偏向两者同时滑入极其脆弱的状态。最后，价格的变化无法维持主流偏向的影响，不稳定的股票价格的变化削弱了基本趋势。如果基本趋势过度依赖股票价格的变化，那么矫正就可能成为彻底的逆转。在这种情况下，股票价格下跌，基本趋势反转，预期则跌落得还要快一些。这样，自我加强的过程就朝相

第一章
>> >> 智慧家族祖训：《国富论》中揭示的投资法则

反的方向启动了。最终，衰落也会达到极限，并使自己重新反转过来。"[1]

的确，索罗斯和李驰的说法都有一定的道理。用上面这段话也可以解释中国的"神创板"何以一涨再涨。在2000点时，已经有人喊出了"地球顶"，但是随后可以一路突破2500点、3000点、4000点，涨到让人瞠目结舌的地步。

不过，不管"神创板"最后能涨到哪里去，它的轨迹却难以把握。[2]

对于普通人来说，反身性的理论很难实际运用。因为趋势的开始和结束是绝大多数人无法预计的，就连索罗斯自己也承认他的方法是"试验性的，更多地依据直觉而不是确定的信念"。

连投资天才自己都感觉无法确定，普通人又如何能把握得住呢？索罗斯还特别指出，趋势的"转折点在实际发生之前是无法确定的"，因此，他总结自己在外汇投机时的战绩时说"1980年以前获利颇丰，1981年到1985年期间亏损累累"。[3]

而这种累累亏损在格雷厄姆家族中是绝不允许出现的。格雷厄姆的名言则是"作为一个成功的投资者应遵循两个投资原则：一是不要亏损，二

---

[1] 索罗斯：《金融炼金术》，海南出版社，2011，第24页。

[2] 本书初稿刚刚完成后，中国股市发生了史无前例的大崩溃。上证指数从5100多点倾泻而下，一路下跌到2850点。创业板指更是从4000多点下跌到1700多点，折损过半。很多200多元、300多元的股票跌幅超过70%，让无数跟随趋势的投机者亏损惨重。由于担心发生系统性金融风险，国家采取空前的救市措施，甚至直接入市操作，成为近千家公司的股东。但即便如此，股市仍继续下跌，频繁发生千股跌停的奇观，给人们带来了巨大的心理冲击。对于这次股灾的发生，非常值得我们认真研究。

[3] 索罗斯：《金融炼金术》，海南出版社，2011，第49页。

价值投资路线图
格雷厄姆智慧家族的制胜之道 >>>>>

是永远不要忘记第一条原则"。对于价值投资所倡导的复利而言，这种累累的亏损是致命的！

中国有很多索罗斯的拥趸，但是我怀疑有很大一部分人根本没有看懂《金融炼金术》。另外，有些首席经济学家大肆鼓吹反身性理论，把它作为支撑创业板市盈率达到100倍、甚至200倍的依据，不知道这算不算是一种悲哀。

索罗斯讲反身性之所以成功的原因之一，是由于"很多公司掌握了通过收购取得收益增长的方法"。他甚至有些洋洋得意地说："一旦市场开始对他们的表现做出正面反应，事情就简单多了。因为它们可以在收购其他公司时，提供自己业已高估了的股票作为支付工具。"

这不正是中国股市中美其名曰的"外延式扩张"吗？这样的行径在当今的中国股市大行其道。被视为稀释原有股东利益的增发行为，在中国股市却被视为大大的利好，因为只要有增发的消息，就会有炒作概念，就可能发生外延式扩张，就可能粉饰报表，大大提升当期损益。

创业板中这样的大牛股比比皆是。比如做网络安全的绿盟科技，刚上市就花1.5亿元收购一家叫亿赛通的公司，随后又开展一系列眼花缭乱的并购。但就是这家亿赛通，交易时双方承诺，2014年、2015年、2016年实现净利润分别不低于3200万元、4160万元、5408万元，这当然可以大大提升绿盟科技的当期利润。但是故事刚讲完，2015年3月过户完毕，合并报表才半年，绿盟科技就发布公告说，亿赛通2015年上半年亏损竟高达1888万元。另据《每日经济新闻》报道，亿赛通的董事长和总经理都"不想干了"。像这样的并购，一开始可能就算计着套现走人、坑害股民吧。

另如乐视网，上市后不断增发圈钱并购，然后用并购的概念再增发再圈

# 第一章
>>> 智慧家族祖训：《国富论》中揭示的投资法则

钱，最后发展到了烧钱讲故事的地步。电视、汽车、手机、自行车，什么都做，不过就是在前面打上两个字——"智能"，以彰显自己的互联网特性。

而这些号称高科技的新产品，带来的却是盈利能力的持续下滑。《第一财经日报》于 2015 年 6 月 23 日发表《刘姝威炮轰贾跃亭背后：乐视网利润大增玄机》一文，披露了 2014 年乐视网收入超过 68 亿元，营业利润却不到 5000 万元。但是通过财务处理，通过让少数股东损益亏损等方式，粉饰报表，让归属于上市公司普通股股东的净利润飙升，以便进一步拉抬股价。直到 7 月 10 日，证监会向乐视网发出问询函，乐视才第一次对此供认不讳。

但就是这样一家披着皇帝新装的公司，却引来无数股民的赞美，这难道也是反身性理论的强大威力吗？说到底，除了少数真正整合产业链，为股东带来实实在在利益的并购行为外，很多定增圈钱并购的游戏，就是一个又一个庞氏骗局。

巴菲特在其致股东的信中，对这种勾当早就多次进行了严厉的声讨和谴责。他认为这种并购不是价值创造，而是价值毁灭。

因此，尽管资本市场错综复杂，其中有太多太多的欲望和欺诈，股票的价格形成机制也异常复杂，涉及经济学、哲学、心理学甚至自然科学中的很多因素，需要有一套综合的思维框架来分析[1]，但是万变不离其宗。

"天地一指也，万物一马也"（语出《庄子》），再复杂也不可能背离基本的规律，泡泡吹得再大，也有吹破的时候，想要在投资方法中搞调和与中庸是行不通的。

---

[1] 芒格对此有专门的论述，后文详述。

价值投资路线图
格雷厄姆智慧家族的制胜之道 > >> >>>

前段时间高毅资产的 CEO 邱国鹭在一次演讲中打了一个形象的比喻："投资就跟遛狗一样，股票的内在价值是人，股票的价格是狗。遛狗的时候你可能只走了一公里，但狗可能走了三公里，因为狗是一直跑来跑去的。在美国，可能你遛狗用的狗绳两米，大致还能掌握这个范围，但是在中国，狗绳可能有两百米。另外，美国的空气好一些，而中国雾霾严重一点，大家同样是跑十米，在中国你可能就已经看不到狗了。价值的偏离度经常会让人匪夷所思，经常有这种击鼓传花一样的交易，而且传得越久偏离越大。"

他讲的实际上也是一个价格围绕价值转的道理。尽管中国的这条狗（价格）偏离很多，但一样是要跑回到人（价值）身边的。如果对此表示怀疑，认为中国狗跑出去，狗绳可能会断掉，再也跑不回人这里来了，也就是说，对于价格围绕价值波动在股市中的体现表示怀疑的话，那么可以去试着运用一下"反身性"看看结果如何。只有接受这个基本的规律，才有进一步探讨的基础。

"形而上者谓之道，形而下者谓之器"。先接受了"道"之后，就需要对"器"有充分的研究。那就是，企业的内在价值能不能测算？怎么来测算？如果判断不清价值，又如何知道价格到底是高估还是低估呢？

对企业的合理估值是一个困扰着历代投资者的大问题，也是一个非常困难和复杂的问题。好在不管它有多么复杂和棘手，格雷厄姆、巴菲特、芒格、费雪、林奇等一代又一代投资大师给我们传授的正是这样一种解决方法。

可以说，解决了"道"的问题，你已经步入了格雷厄姆智慧家族的大门。而在家族的百宝箱和兵器谱中，你一定可以找到为企业合理估值的"器"。对格雷厄姆智慧家族的研究重点，就是围绕这套体系展开。

专注、能力圈和长期投资

在《国富论》中,斯密还用经济学的道理给我们讲了一些常识,这些常识对投资也很有帮助。

比如他通过对分工的分析,讲了企业应该专注,而我们做股票投资,也应该投资于专注的企业,而不是所谓盲目"多元化"的公司;

他还指出人性中总是有过于高估自己能力的倾向,这提醒我们要在自己能力范围内行事,同时不要试图去自以为是地预测股市;

他还讲到真正富有的人,一定有长期勤勉的优点,这正是长期投资的价值所在。这些"祖训"值得我们在实践中体悟运用。

1. 专注的企业为什么会赢

越是专注的企业越能笑到最后。历来投资专家们就教导我们要投资专一的企业,远离那些盲目多元化的公司。这是为什么呢?请听听斯密的分析。

分工越细就会越加专注,斯密正是在分析分工所带来的"同一数量的人所能完成的工作数量的巨大增长"时讲到这个道理的。他讲了三个原因。

第一,分工使每一个特定工人的熟练程度提高。"一生唯一的职业就是从事这种操作的人,其熟练程度常常很高。"术业有专攻,对于一家企业何尝不是如此?在细分行业中,越是专注的企业,其行业熟练程度也是越高的,这也可以避免很多因为跨行业、不熟悉导致的企业决策失误。

第二,"从节约由一种工作转到另一种工作通常损失的时间中得到的好处,比我们乍一看所能想象到的要大得多","一个人把他的手从一种活转向另一种活时,通常都要闲置一会儿。当一个人最初开始新的工作时,很少有能全神贯注的;就像他们说的那样,他们的思想还不能深入到工作中,所以有时宁愿做些没用的事,而不把时间用在正经的工作上"。对于企业亦如是,在盲目多元化的路程上,这样的损失和闲置也会大量存在,这带来的是不必要的**摩擦成本**。

> **小贴士**
>
> **摩擦成本**:是指在完成预期目标过程中,由于信息不完全导致的在正常支出成本之外消耗的成本。

第三,"由于分工,每个人的全部注意力自然而然地集中在某个非常简单的目标上。因此,我们可以自然地预期,在从事每一个具体劳动部门的那些人中,总会有这样或那样的人,不久就会找出完成他们自己具体工作的比较容易和比较迅速的方法"。由于专注,企业紧盯着自己熟悉的简单工作目标,这样更有利于行业技术改进和生产效率提升,从而完成产品的品质提升和进化。

这些道理说来都非常简单易懂,比如在美国、德国这些发达国家中,很多企业都是百年老店,长期专注于主业。巴菲特在历年度致股东的信中讲到他并购的那么多优秀企业,无不是几十年甚至上百年如一日,专注做着自己的主业,绝不随意转向。比如喜诗糖果就卖糖果,可口可乐就卖汽水,甚至还有专注于生产砖块的。这些入巴老法眼的企业,通常是整个家族的

第一章
>> 智慧家族祖训：《国富论》中揭示的投资法则

几代人都紧盯着自己喜爱的事业，专心把它做到极致。

中国的很多企业则是浮躁到了极致，什么赚钱做什么，什么跟风来什么。有些人甚至沾沾自喜地将之称为"风口论"——站在风口上，猪都会飞起来。雷军的这句名言影响是非常恶劣的，中华大地于是掀起一波全民找风的热潮。就如前两年的房地产，这两年的互联网+。

很多公司每天忙着"转型"，忙着改名字。一个开饭馆的突然就改名叫**中科云网**了。一家前两年赶趟做房地产的，眼看着房地产江河日下，突然就改名叫"**匹凸匹**"了，因为"三无式"（无业务主线、无规划方案、无人员储备）更名，还被上交所问询。[1]

按说这么奇葩的公司应该遭全民唾弃，但是恰恰相反，偏就有那么多奇葩粉好这口，这些乱七八糟的公司竟然可以连续封上涨停。当然，中国也不是没有非常专注的好企业，比如**格力电器**专注于空调、**伊利股份**专注于牛奶、**金螳螂**专注于装修、**贵州茅台**专注于卖酒、**恒瑞医药**专注于抗癌药的研发、**永辉超市**专注于连锁零售、**老板电器**专注于厨电、**华谊兄弟**、**光线传媒**专注于做电影……这些企业都获得了成倍的成长，格力更是获得了超过巴菲特前19年的复利增长。[2]

事后来看，大家都明白的简单道理，一到了使用的关键时刻，全部被忘到九霄云外，投资纪律和经济规律都去哪儿了？以后，如果再碰到所谓

---

[1] 据2015年5月11日《上海证券报》。

[2] "将时间拨回到1996年11月18日，格力电器登陆A股，每股发行价2.5元。复权计算，目前格力电器的股价已近4550元，19年累计增幅1820倍。有意思的是，股神巴菲特起家时，从19岁到37岁，资产规模翻了1000倍，历时约19年时间。"据《上海证券报》2015年6月5日《格力的逆生长曲线与狂热粉丝》报道。

价值投资路线图
格雷厄姆智慧家族的制胜之道 > >> >>>

多元化的企业，要动手买入之前，请先想想斯密老先生关于分工的训诫：做专注的投资者，投专注的好企业。

2. 不要高估自己的能力

知己知彼，百战不殆，而知己更难于知彼，这是因为人性之中总有高估自己能力的倾向。具体到投资领域，这种倾向就表现得更明显。而恰恰在投资时，这种盲目自信的情绪又是最致命的，它具体表现在总感觉自己有预测股价的能力，总喜欢买那些超过自己理解能力的股票。

巴菲特在多篇致股东的信中，都讲了投资要有自知之明的道理。他在1982年度致股东的信中，首次系统提出并购公司的条件，其中有一条是"简单的企业"，括号中的备注是"若牵涉太多高科技，我们弄不懂"。

他和芒格将伯克希尔的并购行为严格限定在自己搞得懂的能力范围之内。他说，"我并不试图跨过七英尺高的栏杆，我到处找的是我能跨过的一英尺高的栏杆"，"如果说我们有什么能力，那就是我们深知要在具有竞争优势的范围内，把事情尽量做好，以及明了可能的极限在哪里"。[1]

《国富论》中对此有着同样的训导："大多数人对他们自己的才能过于自负，这是在任何年代的哲学家和道德学家所说的古老的坏毛病。而大多数人对自己好运的荒谬臆断，却很少被人注意到……每个人都或多或少地过高估计了获取的可能性，而大多数人都低估了失去的可能性，并且几乎没有哪一个具有健康和精神的人，对于损失的可能性做出正确的估计。"[2]

---

[1] 1999年度巴菲特致股东的信。
[2] 亚当·斯密：《国富论》，华夏出版社，2005，第84页。

接下来,斯密从彩票发行的普遍成功中证明,人们对获得的机会估计过高,"你买的彩票越多,你就越可能成为一个希望落空的人,在数学上没有哪一条规则比这一条更确定的了。把你的钱投在彩票上,你肯定要损失这些钱。你买彩票的数目越多,你离希望落空就越近"。反之,他又从保险人不高的利润中分析得出,人们对损失的机会估计过低。

对于这个"在任何年代的哲学家和道德学家所说的古老的坏毛病",查理·芒格的说法是:"早在基督出生之前几个世纪,德摩斯梯尼就曾经说过:'一个人想要什么,就会相信什么。'说到对前景和自身才能的评价,人们往往如同德摩斯梯尼预料到的,表现得太过乐观,乐观到荒唐的程度。"[1]

这种荒唐在中国股市表现得更加充分。一旦股市火爆,个个都成为股神,每个人都在竞相推荐股票。更可笑的是,从形形色色的策略分析师到基金经理再到一般的小散户,都成了预言家,每个人都信誓旦旦地预测着明天、下周甚至几个月后的指数和行情,而且都是那么煞有介事,像真的能说准一样。

这就像猜大小的游戏,如果一旦押宝成功,则兴高采烈手舞足蹈,忙不迭地在各种媒体上发表自我吹嘘的文章。没猜对,好点的会公开承认错误,开始调整自己的所谓分析逻辑,重新做出预测;人品差的干脆来个不认账,找出种种借口来掩饰。这些众生相在斯密老先生看来,不都是自古以来不断上演的闹剧吗?

彼得·林奇在提到股票投资成功所必需的个人素质时,特别强调要能

---

[1] 查理·芒格:《穷查理宝典》,上海人民出版社,2010,第344页。

价值投资路线图
格雷厄姆智慧家族的制胜之道 » »» »»»

够抵抗得了自己人性的弱点以及内心的直觉:"绝大多数投资者内心的一个秘密角落里都会隐藏着一种直觉,觉得自己拥有一种预测股票价格、黄金价格或者利率的神奇能力。尽管事实上这种虚妄的自信,早已经一次又一次地被客观现实击得粉碎。让人感到不可思议的是,每当大多数投资者强烈地预感到股价将会上涨或者经济将要好转时,却往往是正好相反的情况出现了。"[1] "投资的窍门不是要学会相信自己内心的感觉,而是要约束自己不去理会内心的感觉。"[2]

就在大家内心蠢蠢欲动,充满了收获的快乐和自豪,甚至开始在大庭广众下吹嘘自己独到的见解和选股水平的时候,就已经走出了自己的安全警戒线,就像唐僧走出了孙悟空给他划定的保命圆圈一样。这时候,你不应该再想乘胜追击,而是要提防"白骨精"是否已经在你身边,随时准备把你的本金全部吃掉。

这个保命的圆圈就是能力圈——你应该有对自身能力的把握,你熟悉的行业,你的投资功底,以及对于根本不靠谱的"预测能力"的警惕。

芒格在谈到能力圈时,用他一贯的逆向思维提醒了边界的重要性:"如果你确有能力,你就会非常清楚你能力圈的边界在哪里。没有边界的能力,根本不能称之为能力。(如果你问自己是否过了能力圈的范围)那这个问题本身就是答案。"[3]

要知道,即便索罗斯这样的投机大师,也经常看走眼。他在《金融炼

---

[1] 彼得·林奇:《彼得·林奇的成功投资》,机械工业出版社,2009,第61页。
[2] 彼得·林奇:《彼得·林奇的成功投资》,机械工业出版社,2009,第63页。
[3] 查理·芒格:《穷查理宝典》,上海人民出版社,2010,第130页。

# 第一章
>>> 智慧家族祖训：《国富论》中揭示的投资法则

金术》中公布了他的投资日记，叫"历时实验"，其中真实记录了他的预测情况，很多都是那样的不靠谱。

比如，他认为"里根大循环"（索罗斯所称的里根上台后美国出现的经济良性循环状况）不过是短期繁荣，美国经济终将走向萧条。但很快，市场的火爆让他信心爆棚，他对复苏的资本主义的生命力感到吃惊。在1985年12月8日的日记中，他说"以前我只把大循环看成短暂的权宜之计，以为它是注定要破产的。如今眼看着它被一种新的繁荣所替代，这种繁荣足以称得上是资本主义的黄金时代"。[1]

但黄金时代还没有走完一年，随着市场的变化，他又开始摇摆。1986年9月28日，他说"所谓'资本主义的黄金时代'究竟是长存的盛世，抑或只不过是已经穷途末路的权宜之计？许多迹象指向后一种可能"[2]。

到了11月，极度悲观的情绪袭上心头。他哀叹道："百年不遇的牛市市场过早地结束了，我已经排除了第二次牛市市场出现的可能性。"[3]

然而，仅仅过了三个月，1987年2月，他就给了自己一记耳光，"显然，关于百年不遇的牛市市场已经提前结束的断言为时过早。新年刚过，股票市场一扫颓靡之气，很快就攀上新的高度"[4]。

如若不是索罗斯先生亲笔所写，你可能很难相信这位以预测和投机见长的金融大鳄，居然也会错得如此离谱。其实这一点也不奇怪，因为巴菲

---

[1] 索罗斯：《金融炼金术》，海南出版社，2011，第143页。
[2] 索罗斯：《金融炼金术》，海南出版社，2011，第214页。
[3] 索罗斯：《金融炼金术》，海南出版社，2011，第239页。
[4] 索罗斯：《金融炼金术》，海南出版社，2011，第243页。

特在其致股东的信中多次声明,从不预测股市,没有人有这样的能力,因为股市根本是不可预测的。两相比较,是不是高下立见?当然,索罗斯先生也是值得钦佩的,他忠实地记录了自己的真实想法,从反面印证了预测行情是多么困难。

大师尚且如此,我们又有何德、何能、何胆去预测市场呢?2015年5月,一个号称"最准分析师"的人——申银万国的一名王姓首席策略师,在演讲中,对他预测2015大牛市过程中的"错误"进行了深刻反思。

他的第一个"错误"是当股票涨到2300点、2400点的时候,开始看空,但是市场完全不理会他的预测,于是他承认自己错了,"由于我很深刻地理解索罗斯这套东西,我理解了以后很快变了一句话,在大约两周之后出了一个报告,世界终将属于乐观主义"。

他的第二个"错误"就是看空创业板。由于市场总是不按他们的预测来,于是到"2014年7月我翻多了创业板,到2015年能够如此推定一个代表新经济的方向,从未动摇过"。

这让我想起了巴菲特说过的一句话:一些人总是把箭射出去之后,在箭落下的地方赶快去画一个靶心。芒格也说,在拿着锤子的人看来,全世界都是钉子。这些号称首席的策略师、分析师们,本来根本没有必要为他们的荒唐预测负疚,因为市场根本不可预测。但他们大部分人每天的工作就是必须找到所谓的预测逻辑。如果市场并没有按照他的逻辑来,就赶快修改自己的逻辑以套在市场的头上,这是不是很可笑?是不是现代版的刻舟求剑、掩耳盗铃?

这又让我想起了巴菲特在1999年度致股东的信中所做的辛辣讽刺:"当然,要是有人想要试着跟你解释为何现今股市会如此的疯狂,请记住一首歌的歌词：'笨蛋总是为不合理的事找理由，而聪明人则避而远之'。"

明白自己的真实能力、能力范围，时时提醒约束自己内心深处那点虚妄的自负，是投资成功的一个基本素质。

3. 坚持长线投资才能赚大钱

长线投资现在好像是一个时髦的词语，很多人都喜欢挂在嘴上。但是看看中国股市的交易量吧。

当2015年沪深两市交易量相加，首次突破万亿的时候，大家纷纷惊呼中国股市已经创造了宇宙量，因为单日成交量已经创造了世界纪录，超出了世界上任何一个股票市场。但是没过几天，沪深两市每天的交易量相加都在万亿之上了，这也就成了"新常态"，大家已经习以为常。

而到了4月20日，沪市单一市场日成交量竟然达到了11476亿，以至于当日上海交易所系统出现了显示问题，无法显示这样一个天文数字。经过紧急修改，为疯狂的短线交易做了充分准备后，6月5日，沪深两市成交量双双突破万亿。有人统计，按这样的交易量，不需要几个月，整个市场就可以全部换手一遍。

如此疯狂的成交量，背后一定是疯狂的炒家，是一个个杀红了眼的投机客。只要发现哪里有快钱赚，只要又听到了什么消息，只要得知哪个行业又将成为热门，他们都会毫不犹豫地冲杀进去，博取一时的超高收益，以完成一夜暴富的梦想。但是，如此狂躁真的能得偿所愿吗？让我们来听听斯密先生的忠告。

"发大财的人大部分都是整个一生都勤勤恳恳、精打细算和十分敬业的人。诚然，在这些所谓买卖投机的行业里，有时可能一夜暴富，因为投

价值投资路线图
格雷厄姆智慧家族的制胜之道 > >> >>>

机商人并不经营正规的、稳定的和众所周知的行业。他可能今年是谷物商人，明年是葡萄酒商人，后年又是食粮商人、烟草商人或茶叶商人。当他预见到某一行业可能比一般行业利润更高时，他就进入那个行业；当他预见到那个行业会落到与其他行业同一水平时，他又离开那个行业。因此，他的利润和亏损，不能与任何一个稳定和众所周知行业的盈亏经常保持某种比例。一个大胆的冒险者有时通过两三次成功的投机买卖，就能发大财。但是，两三次不成功的投机，也同样可以使他失掉他的财产。"[1]

投资是一个长期博弈的过程，来不得半点浮躁和马虎，需要始终用投资纪律约束自己的行为，这就是"整个一生都勤勤恳恳、精打细算和十分敬业"。

最好的例子就是巴菲特和芒格，他们用一生践行自己的投资理念。他们买入的优秀企业大多数都和他们长相厮守，不离不弃。而他们对自己的要求不过就是每年百分之十几的投资收益，只要战胜标普500指数即可。但是几十年下来，他们积累的财富成了人类历史上的奇迹。

巴老的故事家喻户晓，没有人不知道、不艳羡，但是回到自己的投资实践中，却不过又成为一个和自己毫不相关的神话故事而已。

如果说巴菲特的财富已经让大家觉得不真实了，那么，我们来听听林奇又是怎么说的吧。在《彼得·林奇的成功投资》的千禧版序言中，他说"谈到长期投资收益率，在11年的午餐与晚餐宴会演说中，我每年都会提问下面这个问题让大家举手回答：你们当中有多少人是长期投资者？如今大家的回答可以说是异口同声，每个人都说自己是长期投资者，即使

---

[1] 亚当·斯密：《国富论》，华夏出版社，2005，第89页。

听众中那些只不过持有一两个小时就会抛出的短线日内交易者,也说自己是长期投资者。现在长期投资如此流行,以至于人们宁愿承认自己是一个吸毒的瘾君子,也不愿意承认自己是一个短线投机者","由于短线日内交易者和一些专业对冲基金经理的频繁交易,现在的股票换手变得异常迅速。1989年,纽约股票交易所一个交易时段3亿股的成交量就称得上令人兴奋不已的天量了,而如今3亿股的成交量只不过是小菜一碟,8亿股的成交量也不过是一个平均数而已……频繁的交易的确已经造成市场的波动性越来越大。10年前,在一个交易时段中股价的涨跌幅度超过1%的情况是非常罕见的,而如今,这种情况在一个月中就会出现好几次。顺便说一句,指望依靠当天交易这种短线投资来赚钱,就像指望依靠赛车和玩21点赌牌谋生一样,机会非常渺茫"。

相比起中国股市来说,美国这点交易量又算什么呢?而沉浸在中国股市中指望依靠赛车和玩21点发财的人又有多少呢?要想取得像样的投资收益,请谨记斯密先生的忠告"整个一生勤勤恳恳、精打细算、十分敬业"。

第二章
CHAPTER TWO

智慧家族家规：
格雷厄姆的知识体系

古今之成大事业、大学问者，必经过三种之境界。"昨夜西风凋碧树，独上高楼，望尽天涯路"，此第一境也；"衣带渐宽终不悔，为伊消得人憔悴"，此第二境也；"众里寻他千百度，蓦然回首，那人却在灯火阑珊处"，此第三境也。

——《人间词话》

大学者王国维借用中国三首优美的古诗词，道出了凡大学问者必经的三种学术境界。

格雷厄姆和多德在其名著《证券分析》中指示的投资之路，正是经历了这样的三重境界。他们身处美国著名的20世纪30年代大萧条时期，用"望尽天涯路"的高度研究梳理过往的投资历史和经典案例，以"消得人憔悴"的精神总结痛苦的失败教训，最后为我们提炼出一整套的投资框架体系，让后世的价值投资者找到了"回头蓦见"的惊喜。

因此，对于智慧家族家长格雷厄姆和多德所指示的"家规"，最值得我们珍视和研究。他们最优秀的学生巴菲特一生践行他们的理念，在巴菲特历年度致股东的信中，多次提起恩师格雷厄姆的教导。就算时间已进入21世纪，他仍在《证券分析》第六版推荐序言中，坚持认为"57年来，我一直遵循着两位恩师阐述的投资路线图。对我而言，没有任何理由再去寻找其他的投资方法"，而《证券分析》"我至少反复研读过四次"。

巴菲特把格雷厄姆和多德的境界发扬到极致，再加上自己的演化，创

第二章
>> 智慧家族家规：格雷厄姆的知识体系

造了人类史上的投资奇迹。但是，正如巴菲特所说，"家长只是在如何猜测掷硬币的结果方面建立了一套理论，但每个学生是根据自己的方式来对理论加以应用"。

在巴菲特为《聪明的投资者》第四版所做的序言中，他说"要想在一生中获得投资的成功，并不需要顶级的智商、超凡的商业头脑或秘密的信息，而是需要一个稳妥的知识体系作为决策的基础，并且有能力控制自己的情绪，使其不会对这种体系造成侵蚀。本书能够准确清晰地提供这种知识体系，但对情绪的约束是你自己必须做到的"。

但是，迄今为止，对于格老的投资思想的继承出现了两种不同的倾向。一种是比较教条化地照搬其估值方法，并套用在一些事后的投资案例中，比如美国人小约瑟夫·卡兰德罗所著的《应用价值投资》就有些生搬硬套的感觉。

另一种则是片面贬损格雷厄姆的思想体系。他们看到巴菲特的投资方法有很多发展演进（这本是再正常不过的了），于是便以为巴菲特已经脱离了格氏的投资体系。他们想当然地认为格雷厄姆的投资思想就是"捡烟蒂"投资，就是投资股价大大低于其账面价值的股票。比如研究巴菲特的畅销书《巴菲特之道》，在第二章《沃伦·巴菲特的教育》中就说"从早期的投资失误中，巴菲特渐渐偏离格雷厄姆的理论"[1]。书中甚至还认为，另一个投资大师菲利普·费雪"恰恰站在格雷厄姆的反面"[2]，"格雷厄姆的兴趣仅仅在于购买便宜股票，费雪的兴趣在于购买那些长期而

---

[1] 哈格斯特朗：《巴菲特之道》，机械工业出版社，2015，第47页。
[2] 哈格斯特朗：《巴菲特之道》，机械工业出版社，2015，第48页。

言，有潜力提高内在价值的公司"。[1]

这些显然是对格雷厄姆的误读。著名史学家陈寅恪曾说，对"古人之学说，应具了解之同情"，所谓"了解之同情"，是要"与立说之古人，处于同一境界，而对于其持论所以不得不如是之苦心孤诣，表一种之同情，始能批评其学说之是非得失，而无隔阂肤廓之论"。[2]

格雷厄姆虽不是古人，但毕竟与我们所处的投资环境已大大不同。研究他的投资体系，同样也应该具"了解之同情"，放在当年的时代大背景下客观公正地进行分析，才能够真正弄清楚这位智慧家族的家长到底说了些什么，他的核心投资体系是什么，最后真正搞明白他是如何猜测掷硬币的结果的。

一张图表搞懂"家长"的知识体系

格雷厄姆1894年5月9日出生在伦敦，在他一岁时，举家迁往纽约。他的母亲曾借钱进行股票的"保证金"交易，结果本金被一扫而光。

幸运的是，格雷厄姆赢得了哥伦比亚大学的奖学金，一个伟大的投资家才没有被湮没。在大学中，他广泛学习了历史、文学、哲学、经济学等

---

[1] 哈格斯特朗：《巴菲特之道》，机械工业出版社，2015，第49页。
[2] 陈寅恪：《冯友兰中国哲学史上册审查报告》，见《金明馆丛稿二编》，上海古籍出版社，1980，第247页。

学科。毕业后，他走入华尔街成为一名分析师，后来开始经营自己的合伙投资机构。

在1929—1932年大萧条期间，尽管他当时已经非常谨慎，还是惨遭暴跌的清洗，亏损接近70%，这在他的投资生涯中，无疑留下了非常深刻的印记。但是他并没有从此沉沦，而是利用自己的证券分析体系卷土重来：从1936年起直至1956年退休，格雷厄姆—纽曼公司的年收益率不低于14.7%，高于同期股票市场12.2%的整体收益率——这一成绩可以跻身于华尔街有史以来最佳的长期收益率之列。[1]

格老一生的代表作有两部，一是与多德合著的《证券分析》，二是《聪明的投资者》。在《聪明的投资者》导言部分，他说"本书很少谈论证券分析的技巧，而将注意力更多地集中于投资的原理和投资者的态度方面"，而最关键的证券分析技巧以及如何为证券进行合理估值，则大多集中于《证券分析》一书中。

因此，我们将主要围绕《证券分析》中所阐述的观念来提取格老的核心投资理念。

在格雷厄姆之前，资金管理活动被迷信、臆测和神秘的巫术所左右。格雷厄姆的《证券分析》作为一部教科书，把这个乌烟瘴气的圈子转变成了一种现代职业。

贾森·兹威格在《本杰明·格雷厄姆生平简介》中认为，《证券分析》在投资界的地位就类似于《国富论》在经济学界的地位。那么在这部近

---

[1] 以上均据格雷厄姆《聪明的投资者》第四版中贾森·兹威格《本杰明·格雷厄姆生平简介》以及格雷厄姆自传《华尔街教父回忆录》。

价值投资路线图
格雷厄姆智慧家族的制胜之道 >> >>>

百万字的皇皇巨著中到底讲了些什么呢？

其实非常简单，因为格雷厄姆和多德两位投资大师的思路是如此清晰。全书共分七个部分，其中第一部分《证券分析综览及方法》，全面介绍证券分析所必须注意的事项，分析的范围和局限，以及内在价值的概念，投机与投资的区分等等；第四部分《普通股投资理论与股息因素》则在梳理历史的过程中，把握股票投资理论的演进，从而提炼出普通股投资的新准则。

以上两部分是全书最为精彩也是最精华的部分，包含了如何对证券进行合理估值的全部理念，也是两位投资大师的思想精髓所在。

第四部分的中的《普通股的股息因素》，第五部分《损益表分析与影响普通股估值的收益因素》，以及第六部分《资产负债表分析与资产价值的内涵》，则阐述了股票估值的定量部分中的具体方法和技术，包括三个方面：股息率及其历史纪录、损益账户因素（赢利能力）和资产负债表因素（资产价值）。这几部分讲实战，讲具体的估值方法，也是非常重要的。

其余部分讲固定价值投资（债券投资）和优先证券的投资，并非不重要，但不是研究的重点。因此，我将着重对前两个部分，尤其是第一部分进行认真的剖析，力争简明扼要地提炼出"智慧家族的家规"——知识体系。

1. 内在价值概念的提出

前文提到，如果相信股票价格是围绕价值波动的，那么判断一只股票的内在价值就非常重要。格雷厄姆首先要告诉我们的是，股票有其内在价值，但是无法精确推算，作为投资者，只需要知道内在价值的大致范围就可以了。

在第一部分的第一节《证券分析的范围与局限以及内在价值的概念》

中，提出了证券分析所具有的三大功能：描述功能、选择功能和评判功能，其中选择功能最为重要，这需要我们对证券的价值做出明确的判断。

要想搞清楚某只股票是否应该被购买、出售、持有或与其他证券进行交换，就必须先搞清楚它的内在价值有多少。但是，内在价值是一个难以捉摸的概念。一般说，内在价值是由资产、收益、股息等事实和可以确定的前景决定，但是这些数据都只代表过去的业绩表现，而我们投资一只股票，关键要看未来的业绩增长和发展前景，也就是说要看它未来的持续赢利能力。但未来很难精确估算，谁也不敢说一家公司明年一定会获利多少。好在这个不可完成的任务并不重要。

格雷厄姆说，"证券分析并不是为了确定某只证券的内在价值，而是为了证明其内在价值是足够的"，也就是说，只需要对内在价值有个大致的估计，为我们购买股票提供合理的依据就可以了。你根本没必要也没办法确切知道一只股票的内在价值到底有多少。

他们还举了一个形象的比喻："我们很有可能只需通过观察，就能判断一个女人是否达到了投票的年纪，而无须知其岁数；或者判断一个男人的体重是否超标，而无须知其体重。"[1] 换句话说，你可以大概判断出一只股票被低估了，但是你无须知道它的内在价值到底是多少。

这样看来，**内在价值不用像做数学题一样，一定要算出一个精确的数字，而只要得到一个"近似值范围"就可以了，也就是"毛估"一下就行**。有时这个毛估范围还可能比较大，这也和每个人不同的能力范围、知识结构等都有关系。

---

[1] 格雷厄姆：《证券分析》，中国人民大学出版社，2013，第78页。

价值投资路线图
格雷厄姆智慧家族的制胜之道 > >> >>>

巴菲特在致股东的信中就多次提到，对于伯克希尔的内在价值，他无法精确推算，而且查理和他算出的也不一致，但这并没有影响他们对于自己公司合理价值的大概估计，而只要能做到这一步也就足够了。

不过，即便我们只是想获得内在价值的一个大致区间，也要特别小心。这个"毛估"的过程会受到三个方面的干扰：数据不足或不准确、未来的不确定性、市场的非理性行为。

第一种干扰并不是最主要的。虽然故意假造或隐瞒数据在上市公司中时有发生，但毕竟还是少数，依靠监管（这本来也应该是证监会的主要职责）和专业的财务稽核，可以把这种负面情况控制在一定范围之内。

第二种情况就比较麻烦，因为未来的变化实在太难以预测。所以格老提出一个假设：过去的记录至少能为未来提供一个粗略的指引。如果想用过去的历史表现推断未来，那么"将之应用于稳定的业务，比应用于频繁变化的业务更为有效；将之应用于正常情况下，比应用于不确定性大、变化剧烈的情况下更为有效"。[1]

也就是说，一家公司过往的业务越稳定，变化越不频繁，用过去的数据推导未来才越靠谱。一些企业连主业都变来变去，什么热门做什么，这样的企业当然很难估计它将来的发展态势，更不用说给它一个合理估值了。对待这种企业的唯一办法，只有远离它们。

对于第三种情况，同样也非常难以把握。市场喜怒无常，经常表现出过于狂躁或阴郁的极端状态。"市场就像一只钟摆，永远在短命的乐观（它使得股票过于昂贵）和不合理的悲观（它使得股票过于廉价）之间摆动。

---

［1］格雷厄姆：《证券分析》，中国人民大学出版社，2013，第80页。

聪明的投资者则是现实主义者,他们向乐观主义者卖出股票,并从悲观主义者手中买进股票。"[1]投资者正是要利用这种非理性行为,寻找可能被低估或被高估的股票。

除了以上三个方面的干扰外,还有一个更关键的问题,事物是在发展变化的,就在你寻找出低估的股票,做出了买入的决策后,由于市场疏忽或者偏见引起的低估,可能会持续很长时间,由于投资过热或人为的刺激因素造成的高估,同样也可能会持续很长时间。投资者面临的风险是,在这么长的时间内,可能会出现一些新的情况,导致我们做出投资决定所依据的事实和理由可能已经不再适用了。

对于以上对内在价值评估的种种干扰因素,他们提出了三个应对之策:"方法一是注重不大可能突然发生变化的情况;方法二是着重挑选那些具备公众吸引力的证券,一旦分析师识别出价值因素,公众会迅速做出反应;方法三是通过调整自己的分析,以适应一般的金融市场情况——在商业和市场条件平稳时,更注重寻找被低估的证券,而在市场压力异常和不确定的情况下,要更加谨慎行事。"[2]对于此难点,格雷厄姆家族历代成员多有补充和发展,后文详述。

2. 内在价值评估中的定量因素和定性因素

知道了内在价值的概念后,我们就需要知道用什么方法来评估一只股票的内在价值。

从上节的论述可以看出,对于股票内在价值的评估包含了历史数据和未

---

[1] 格雷厄姆:《聪明的投资者》,人民邮电出版社,2011,格雷厄姆生平简介。
[2] 格雷厄姆:《证券分析》,中国人民大学出版社,2013,第81页。

价值投资路线图
格雷厄姆智慧家族的制胜之道 >>>

来预期两部分。历史数据是可以准确测算的,被称为定量分析,而未来预期则需要根据事实来合理推论,称为定性分析。

"定量因素即指公司的各类统计数据,包括损益表和资产负债表中的所有有用的项目,还包括和以下方面相关的其他数据,如产量、单位价格、成本、产能、未完成订单等。这些五花八门的统计数据还可以被归入下列子类:资本、赢利和股息、资产和负债、营运和统计数字。定性因素则涉及以下事项,包括业务性质,企业在行业中的地位,个体情况,地理位置,经营特点,管理风格,以及企业、行业和一般业务的前景。"[1]

对内在价值的评估难点不在于定量因素,而在于定性因素。"一般来说,定量因素比定性因素更适合深入分析。定量因素数量较少,更容易获得,也更适合形成明确、可靠的结论。定性因素强调最多的是业务性质和管理风格。这两点极其重要,分析师却很难做出明智的处理。业务性质这个概念包含着关于企业未来前景的总体看法。大多数人对于'好公司'都有相当明确的概念。这些看法建立在财务业绩,对该行业特定情况的认识,以及推测和偏见上。"

对一家公司过去的数据进行分析,并对其历史形成评价应该不难,比如像中国的上市公司中,过去的优秀公司可以举出很多,上涨数十倍的股票比如**万科、云南白药、格力电器**,伊利股份、贵州茅台等等,数量不少。但是要想知道它们在未来是不是还能取得这样的业绩,那就不简单了,这涉及定性分析的因素,比如行业是不是前景明朗,管理层是不是依然优秀,业务性质有无变化等等,都需要做出预测,甚至形成"偏见"。

---

[1]格雷厄姆:《证券分析》,中国人民大学出版社,2013,第92页。

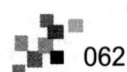

拿行业前景来说，很多投资者拼命想找到好的行业，但是根据《国富论》中揭示的经济学原理，获取暴利的行业将很快引来更多资本进入，引来更多竞争，从而使行业平均利润迅速下降。

格雷厄姆也说，"市场的矫正力量无处不在，它的存在能改变一些行业无利可图的状况，同时减少另一些行业的超额利润。需求不断增加的行业可能会因供应增长更快而受挫"。[1]

在传统行业中这种情况屡见不鲜，比如前两年的白酒行业，十分火爆，引来无数资金进入，产能过大，早已超过了老百姓真实的消费能力。国家一控制"三公消费"，立刻现出产能过剩的原形，走上了漫长的价值回归路。一些新兴产业也不例外，以最近很火的机器人概念为例，披着"工业4.0"和"国家2025"的华丽外衣，引来大量资本进入。大家都觉得这是一个利润率很高的行业，拼命削尖脑袋往里钻，据说有一个省已经有上千家企业欲转行做机器人。可以想象，用不了多久，恶性低价竞争的闹剧又会在这个暴利行业上演。

除了好行业难找以外，对于定性因素中的管理层能力也很难把握。"我们认同选择'优秀行业'的重要性，但同时也应意识到这绝非易事。挑选精明能干的管理层也一样困难。对管理能力的客观测试并不多见，而且很不科学。在大多数情况下，投资者必须依靠名望判断管理层的能力，但也可能出现盛名难副的情况。最能证明管理能力的证据就是一段时间里企业的业绩比同行优秀，但这又把我们带回到量化数据的问题上。"

对于普通投资者来说，很难近距离接触到企业的高层，对于他们的真

---

[1]格雷厄姆：《证券分析》，中国人民大学出版社，2013，第93页。

实能力如何做出推断，当然有很多猜测的成分。我们所能做的事情就是听其言、观其行，看其历史表现，用数据说话。[1]

一个公司所处的行业、自身的业务形态、管理层的能力如何，在仔细分析推敲了这些难点之后，还有一个更为困难的问题摆在面前，就是一个公司的未来赢利趋势。

我们固然可以根据之前的业绩做出一些趋势推断，可是"过去表现出的趋势是一个事实，但'未来的趋势'只是一种假设……在趋势变得清楚明朗时，改变趋势的条件可能也已经成熟了"。[2]

商场如战场，瞬息万变，过去的大牛股，可能在未来的日子里赢利困难，举步维艰。**四川长虹**就是最典型的例子，想当年，倪氏润峰气吞万里如虎，成为中国的彩电大王，甚至一度欲独霸上游的显像管市场，"南方三虎"需要联合起来进行对抗。但是盛极而衰，现如今，长虹在彩电市场早已退居二线，在家电领域里就只有忝陪末座了。究其原因，有行业变化原因，也有管理层问题，甚至有更深层的体制机制问题，说来让人不禁叹息。

由此可见，**做好一家企业是多么不易，而给一家企业（股票）估值，又是一件多么麻烦和困难的事情。难就难在定性分析上。**格老的结论是"定性因素难以合理准确地评价"。他们认为这也正是造成股价经常过度涨跌的根本原因，"当价值主要由前景决定时，由此产生的判断就不受任何数学分析的控制，并且几乎不可避免地会走向极端"。

想想中国股市中的"神创板"吧，他们的价值不就全是由优美的故事

---

[1] 后文巴菲特和费雪的部分将对选择优秀管理者的标准进行解读。
[2] 格雷厄姆：《证券分析》，中国人民大学出版社，2013，第94页。

第二章
智慧家族家规：格雷厄姆的知识体系

和光明的前景决定的吗？他们的疯狂上涨就是可以理解的了。

那怎么办呢？难道就没有办法解决了吗？两位大师提出了他们的解决之道。他们认为，定量分析与定性分析必须结合在一起，不能偏废，但是定量因素一定是分析的基础，是前提。定性因素在核定内在价值时非常重要，但是再重要也不能凭空猜测，一切脱离事实的臆想，必然倒向冒险投机的阵营。"分析应主要关注有事实支持的价值，而非那些建立在预期基础上的价值。在这方面，分析师的做法与投机者的做法截然相反。投机者的成功取决于其预测或猜测未来发展的能力。而分析师必须考虑到未来可能的变化。与其说他的主要目的是从中获利，不如说是对风险进行防范。从广义上讲，分析师把企业的未来看作必须在结论中考虑到的风险因素，而不是他分析依据的来源。"[1]

这里，重点强调的是数量的基础作用，是我们分析一只股票的出发点。任何脱离基础数据的分析，很可能会进入到一种靠感觉的"做梦"状态。在这种危险状态下对股票估值，可能给出的就是"市梦率"。

人们最困难的就是如何管制住自己这种"直觉"：应该时刻保持警惕，避免在股市进入亢奋状态下，自己进入到想象的飘飘然状态，而忘记了对风险进行防范。

但是仅有定量分析是远远不够的。在《证券分析》的很多段落中，两位大师不断强调定性分析的困难，同时也反复强调其重要性。在第五部分对损益表的分析中，他们担心投资者片面夸大每股收益的作用，于是重申："在研究收益记录时，必须记住一个证券分析中的重要原则：只有得到企

---

[1] 格雷厄姆：《证券分析》，中国人民大学出版社，2013，第95页。

价值投资路线图
格雷厄姆智慧家族的制胜之道 ▶ ▶▶ ▶▶▶

业质量方面的支持,数量方面的数据才是有用的。仅凭过去的数据平稳一点,还不足以认定公司的业务也相当平稳。撇开数据不谈,企业必须要有内在的赢利能力。"[1] 这种内在的赢利能力,全要靠定性分析能力得出。

说了这么多,需要有一个明确的结论。以下一段话,请大家务必认真反复研读,直到读通读懂为止,因为正是这段话,指导了格雷厄姆智慧家族一代又一代的投资者们。巴菲特之所以取得那样的投资奇迹,也是时刻遵循着这样的"家规":

基于上述定性和定量因素的讨论,我们得知分析师的结论必须始终基于数字、既定的检验和标准。但只有数字是不够的,它们可能会因为一个相反的定性考虑而完全失效。即便一只证券的统计表现令人满意,但若投资者对其未来前景不确定或管理层不信任,依然会将其拒之门外。而且,分析师可能重视有关稳定性的定性因素,因为它意味着基于过去结果的结论,不那么容易被意想不到的事态发展所颠覆。**如果能用非常有利的定性因素支撑充分的定量分析,分析师将对所选的证券更具信心。**但每当证券投资在很大程度上依据这些定性因素(价格大大高于统计数字支持的合理水平)时,分析的基础就会动摇。用数学语言说,虽然良好的统计数据不是分析师做出恰当决定的充分条件,但却是必要条件。[2]

"如果能用非常有利的定性因素支撑充分的定量分析,分析师将对所选的证券更具信心。"看看巴菲特历年度致股东的信吧,这句话几乎贯穿始终,巴老一生都在寻找着用非常有利的定性因素支撑充分定量分析的投

---

[1] 格雷厄姆:《证券分析》,中国人民大学出版社,2013,第 589 页。

[2] 格雷厄姆:《证券分析》,中国人民大学出版社,2013,第 97 页。

资机会，即便市场时而波峰，时而低谷，时而疯狂，时而肃杀，但是这条知识体系从未改变。

在1988年度致股东的信中（大卫·多德于当年去世，享年93岁），巴菲特坦陈："查理跟我运用大卫与格雷厄姆所教的原则，在伯克希尔的投资之上，我们的成功正代表着他们心血的结晶。"

巴菲特所做的，就是不断依靠自己的悟性，在投资实践中对两位大师的理论再发展再进化罢了。[1]

3. 把"家规"浓缩进一张图表

现在我们明白了，要找到一家好企业（股票），先要对它大致的内在价值进行评估，评估的方法就是必须兼顾定量和定性因素。在此，必须再次提出投机和投资的区别。

由于对内在价值的评估中包含有非常多的定性因素，对于定性因素的态度，就决定了市场参与者到底是在投机还是在投资。

让我们回顾一下第一章中投机与投资的概念。格雷厄姆认为，"投资运作是根据深入的分析，承诺本金安全以及回报率令人满意的操作。不符合这些条件的操作则是投机"，"投资运作是可以在定性和定量两方面均被证明合理的操作"，也就是说，以定性与定量方面都极具吸引力的条件购买普通股，将内在的风险降至最低，这样的做法可称为"分析师投资"，是最为安全和稳妥的。

对于投机，他们进一步划分为"理性投机"与"非理性投机"，理性

---

[1] 后文家族其他成员的章节中将对如何具体进行定量和定性分析做解读。

价值投资路线图
格雷厄姆智慧家族的制胜之道 > >> >>>

投机是指"经过仔细权衡利弊之后,认为冒险是合理的",而非理性投机则是"没有充分地研究情况就进行冒险"。他们要反对的不是理性投机,而是非理性投机的胡乱冒险。所以在内在价值的认定中,包含了大部分的理性投机价值:"内在价值的定义是'事实证明合理的价值'。必须认识到这种价值绝不局限于'投资价值',即总价值包含投资的组成部分。如果投机价值是靠理性分析得出的话,那么可以适当地包括大部分的投机价值。因此,只有当市场价格能明显反映非理性投机时,才能说市场价格超过了内在价值。"[1]

为了让大家更形象直观地理解大师的教诲,我们把内在价值评估的所有因素包括进去,浓缩出一张图表。这张图表是格雷厄姆和多德在分析内在价值与市场价格之间的关系时画出的,我对此进行了扩充,把定量与定性因素、投机与投资概念全部装进去,就成为一张可以囊括两位投资大师核心知识体系的路线图。

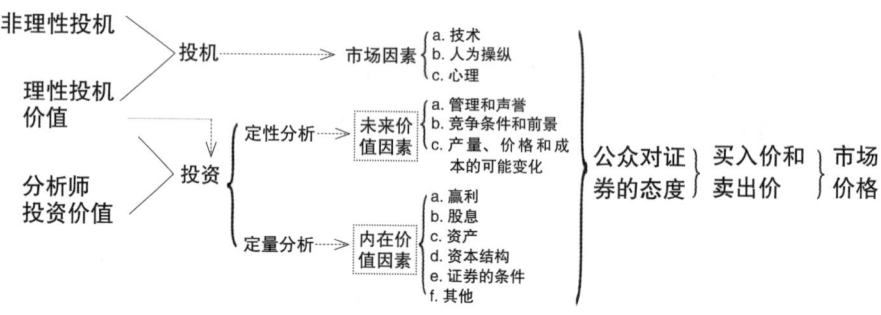

通过这张图表可以直观看到,除了最上面非理性投机部分以外,格雷厄姆和多德对于分析师投资价值和理性投机价值,对于企业的内在价值因

---

[1] 格雷厄姆:《证券分析》,中国人民大学出版社,2013,第118页。

素和未来价值因素,对于定量分析与定性分析,对于企业的统计数据和行业前景、管理能力、声誉等,都给予了充分的重视和关注。

需要说明的是,他们当然更偏重定量分析方面,从之后估值的具体方法论述上,也多是从股息、损益表和资产负债表方面着笔,这是完全可以理解的。毕竟他们经历了美国1929年的股市大崩溃和随之而来漫长的萧条期,当时的美国人已是谈股色变,极端到认为只要是买入股票便是投机。

他们在当时的环境下,能非常客观地提出"理性投机"与对优秀企业未来的合理估值,确实是高屋建瓴,直到现在依然不过时。而我们站在今天的角度,对他们的评价当然应该具"了解之同情",不应简单地说,他们对于企业的定性分析做得不够,或者说,对于优秀企业研究不充分。

之后,格雷厄姆的智慧家族成员一代又一代地补充完善着两位大师的投资体系,他们都从不同的角度对如何为优秀企业进行合理定价,做出了有价值的理论贡献和投资实践。

从格雷厄姆理论体系出发,对一家企业(股票)进行合理估值,首先要摒弃掉"非理性投机"。

下面这些事中国的很多散户会经常做:设法打听内幕消息,听"股神们"的推荐,不管企业赢利能力如何,只是相信故事甚至自己也开始编故事,为追高股票找理由,而这些都是格雷厄姆绝对反对的。

在定量分析基础上,定性分析也不错的优秀企业,这是格雷厄姆要寻找的投资目标。如果定量分析的结果不是特别安全,但是定性分析显示企业十分优秀,也是可以买的。不过在思想上一定要清醒地认识到,这已经是"理性投机"的部分了,要做好可能会亏损的心理准备。

对格老的投资体系,现在有广泛的误解。巴菲特在1987年度致股东

价值投资路线图
格雷厄姆智慧家族的制胜之道 >>> >>>

的信中总结自己投资思路的进化时说："我们的目标是以合理的价格买到绩优的企业，而不是以便宜的价格买进平庸的公司。查理跟我发现，买到货真价实的公司才是我们真正应该做的。必须特别注意的是，本人虽然以反应快速著称，不过却花了 20 年才明白要买下好企业的重要性，刚开始我总是努力寻找便宜的货色。"随后在 1989 年度致股东的信中，他总结了头 25 年所犯的错误，提出了"烟屁股"投资法的论述。

由于以上两段话广为流传，很多人都误以为，这是巴菲特对格雷厄姆投资理论的批评。这些人简单粗暴地认为格老仅仅注重量化分析，只是喜欢购买廉价股票，他的方法不过就是"寻找便宜货色""雪茄烟蒂式投资"罢了。

其实，格雷厄姆和多德早在《证券分析》中就提出了应该以合理价格买入优质企业的道理，只是也许这个提法藏在了该书 441 页下面的小注中，被大多数人忽略了。

他们的说法是"请注意，我们将'对私人投资者价值'这一试金石用于两类不同的普通股投资：（1）以不高于私人企业相应股权的出价，购买极具前景的股票标的；（2）以相对于私人企业低得多的出价，购买具有良好财务记录与一般前景的股票标的"。只不过，在他们那个时代，即便极具前景的优质企业，也常常以极低的价格出售。

在格雷厄姆的自传《华尔街教父回忆录》第九章《真正成功的开始》中，格雷厄姆提到他 25 岁时就出版了 3 本小册子，叫《投资者必读》，其中特别提出了"坚持让人们以合适的价格买进前景看好的普通股"。

但是误读在当下却是如此流行，几乎无人怀疑。上文提到的《巴菲特之道》这本名著试图解析格雷厄姆的投资体系，但显然并没有完全弄清楚，所以得出的结论仍是"即便是评估股票,格雷厄姆也不考虑企业的类型和管理层的能力,他的研究仅仅限于公司文件和年报。只要存在股价低于公司资产值而投资获利的数学可能,他就会买入。为了提高成功的可能性,他会尽可能地多买"。[1]

很多中国的投资者就连一些许多号称巴菲特研究专家的人,也多是人云亦云,照抄这些肤浅的观点。甚至还有人凭借丰富的想象说"(芒格)愿意付出合理的价格买入好公司,而不愿意像格雷厄姆和早期的巴菲特一样,去垃圾堆里翻便宜货。正是芒格的这种思想,影响和改变了巴菲特的投资体系,成就了股神的巅峰神话"[2]。还有人说"芒格把巴菲特从猿进化到了人"。

其实,这些不过都是浅人之说罢了![3]

通过格雷厄姆家族投资路线图,我们可以一目了然地看出其中的荒谬。如果只是用用数学和会计知识,简单算算资产状况和所有者权益,然后再对比一下股票价格,就能得出是否低估或高估的结论,那证券分析不是太容易了吗?如果格雷厄姆和多德用近百万字不过就是为了论述这样一个公式,那不是很可笑吗?如果像这些人理解的,格雷厄姆的价值投资理论是如此简单,只是没人遵循,那不是很奇怪吗?如果巴菲特坐在奥马哈的办公室中,就是一直在算着这样一道简单的数学题,完成了他的投资奇迹,那不是很荒唐吗?而巴老一生遵循的投资体系如果是如此简单机械,恐怕格雷厄姆复生也会觉得可笑之极吧!这也就是为什么中国许多口口声

---

[1] 哈格斯特朗:《巴菲特之道》,机械工业出版社,2015,第47页。
[2] 唐朝:《手把手教你读财报》,中国经济出版社,2015,第51页。
[3] 对此观点的考证和评判将放在下一章中进行。

声自称为格雷厄姆信徒的人,简单教条化地理解价值投资的理念,每每被市场抛弃的原因。

最后,用巴菲特在1983年度致股东的信中对于内在价值与账面价值的论述来结束本部分,这有利于大家进一步透彻理解简单财务算账与复杂证券估值之间的关系。

"我们之所以选择账面价值,是因为它是衡量内在价值成长(这是真正重要的)的一种保守但合理的替代方式。它的好处是很容易计算且不牵涉主观去衡量内在价值,但仍需强调两者事实上具有截然不同的意义。账面价值是会计名词,系记录资本与累积盈余的财务投入,内在价值则是经济名词,是估计未来现金流入的折现值。账面价值能够告诉你已经投入的,内在价值则是预计你能从中获得的。"

普通股投资的新准则:安全边际

从以上"家规"中可以看到,格雷厄姆和多德不断强调证券投资的困难和复杂,他们力图在如此困难的情况下,找出一条最为安全稳妥的道路。好在知识体系已经完善,在这个大方向之下,可以避免出现原则性的错误。围绕投资路线图,两位大师进一步提炼出了股票投资的新准则。

在《证券分析》第四部分《普通股投资理论与股息因素》中,他们总结了普通股投资理论的发展历程。

第二章
智慧家族家规：格雷厄姆的知识体系

第一次世界大战前，投资普通股基于三个标准：1.合适的和确定的股息回报；2.稳定的和充足的赢利记录；3.有形资产的安全保障。总体而言，当时人们投资股票的理念是偏保守的，"购入普通股被视为拥有企业部分所有权"，投资者是"站在私营企业利益的立场来考量"。当大家买入股票或者直接进行企业并购时，总是从"账本"，即资产负债表上显示的股权价值入手。之后，才会考虑企业的财务记录和前景是否良好，以及这笔交易是否有利可图。尽管私营企业的股权可以相对于资产价值溢价或者折价出售，但账面价值仍然是计算的起点。[1]

大家看看，现在人们以为的格雷厄姆投资体系，是不是就和他所总结的一战前的投资观念相同？这实在是和两位大师开了个很大的玩笑。

第一次世界大战后，特别是到了1929年史无前例的大牛市达到顶峰，狂热的市场情绪完全改变了股票投资理念，两位大师发展出了"新时代的理论"，核心就是一句话："普通股的价值完全取决于它的预期收益"。这个说法是不是感觉有点耳熟？是的，这和今天中国股市昂首阔步走入新时代后的投资理论如出一辙："第一，过去的赢利记录被证实是一个不可靠的投资指标；第二，未来的利润机会具有令人无法抗拒的诱惑力。"[2]

"普通股的投资与它的价格无关这种观点非常荒谬。但是新时代理论可以直接推导出此结论。假如一只公用事业股票售价达到了赢利最高纪录的35倍，而不是其平均赢利水平的10倍（经济繁荣前的估值标准），新时代理论得出的结论不是该股价太高了，而仅是估值标准提高了。新时代

---

[1]格雷厄姆：《证券分析》，中国人民大学出版社，2013，第423页。
[2]格雷厄姆：《证券分析》，中国人民大学出版社，2013，第424页。

价值投资路线图
格雷厄姆智慧家族的制胜之道 » »»

的投资理论不是用既定的价值标准去判断价格,而是基于市场价格设立的价值判断标准。因此,所有的上限消失——不仅股票可出售的价格提高了,股票的目标出售价格也提高了。这一'奇妙'的推理,导致投资者以每股100美元价格购买每股收益2.50美元的普通股,相同的逻辑也支持200美元、1000美元,或以任何可以想象的价格购买这些股票。"[1]

这是不是就是2015年上半年"改革牛"的逻辑?只要把其中的公用事业股票换成互联网+或一带一路或安防设备或工业2025等等概念,再把35倍换成100倍,甚至200倍,再把美元换成人民币,不就活脱脱地是当时中国股市的真实写照吗?

格老他们接着说:"这个原则的一个诱人推论是,股市的钱是世界上最好赚的。只需要买入'好'的股票,不论价格高低,然后就可以等着老天爷把价格抬上去。这样古板的教条必然带来悲剧性的结果。不计其数的股民反问自己:'既然华尔街赚钱轻而易举,那么老实本分的工作对于谋生有什么意义呢?'随后,工商界人士成群结队涌向金融界,声势之浩大有如著名的'克朗代克淘金热'。区别在于,克朗代克确实是有黄金的,而华尔街却是在吸收股民的资金。"

我们不禁感叹,格雷厄姆和多德在近百年前描述的股市情形,在今天的中国火热上演。在2015年5、6月份,据报道,工商界人士已经无法安心实业,纷纷涌入股市,农民朋友也无心种地,在陕西已经出现了一个炒股村。许多大学生股民也纷纷入市博取超额收益,希望马上挣到一笔快钱,迅速发家致富。

---

[1]格雷厄姆:《证券分析》,中国人民大学出版社,2013,第426页。

其实投资理财包括炒股，本无可厚非，而且在人生中应该越早开始越好，但是在这样一个"新时代理论"的指导下，在各种首席分析师、策略师的鼓动下，在根本没有任何投资经验和方法的武装下，悲剧性的结果无可避免。更可怕的是，很多股民没有正确的投资理念和风险意识，居然大比例地融资配资，于是惨剧发生。

据《潇湘晨报》报道，6月13日，长沙一位年轻的股民由于使用1∶4配资炒作**中国中车**，导致170万的本金瞬间全赔，最后因无法接受这样的现实跳楼自杀，留下了一个6岁的孩子和破碎的家庭（事后据称是误传，但未见权威报道）。

如果让"新时代理论"在种种所谓专业机构和专业人士的鼓吹下继续肆虐的话，这样的惨剧将会大面积爆发。[1]

在世纪之交的美国，科网股的泡沫疯狂泛滥，"新时代理论"并没有消亡，而是周而复始地被专业的财经人士和分析师们奉为至宝。巴菲特在2000年度致股东的信中，沿着格雷厄姆的思路继续对这种理论进行了明确批判："目前市场参与者对于一些长期而言明显不可能产生太高价值或根本没有任何价值的公司，给予极高的市值评价，然而投资人依然被持续飙涨的股价所迷惑，不顾一切地将资金蜂拥投入到这类企业，这情形就好像是病毒一样，在专业法人与散户间传播，引发不合理的股价预期，而与其本身应有的价值明显脱钩。伴随这种不切实际的景况而来的，还有一种荒

---

[1] 2015年6月，写这段话时正是中国发生股灾的前夜。之后发生的史无前例的大股灾，造成的不仅仅是人民财富的巨大损失和国家金融体系的动荡，更由于政府被动救市，带来了人们普遍的信任危机，对中国资本市场生态的潜在深刻影响将会逐渐显现，这一点更值得反思。

价值投资路线图
格雷厄姆智慧家族的制胜之道 » »»

唐的说法叫'价值创造'。我们承认过去数十年来，许多新创事业确实为这个世界创造出许多价值，而且这种情况还会继续发生。但我们打死都不相信，那些终其一生不赚钱，甚至是亏钱的企业，能够创造出什么价值？他们根本就是摧毁价值，不管在这期间他们的市值曾有多高都一样。"

可悲的是，从几十年前到十几年前，两代投资大师的忠告依然无法警醒人类的贪欲。而更可悲的是，这些最贪的典型代表竟是本应该代表价值投资的中国公募基金群体。据《每日经济新闻》2015年5月13日报道，汇添富旗下六只基金抱团出现在**安硕信息**前十大流通股东之列，而富国系基金扎堆买入**光一科技**，易方达系基金则大举入驻**全通教育**，其他还有华商系、嘉实系等基金持有的个别上市公司股份，也超过该上市公司流通盘的10%。

这些基金经理高唱着价值创造的口号，采用互相抬轿子的手法，互相坐庄，拉抬一些不赚钱甚至亏钱的所谓高成长股：**乐视网、全通教育、朗玛信息**……而这些被疯狂恶炒的公司，竟然被声称代表着中国企业的未来，真是可笑、可悲、可怜、可叹！[1]

"可怕的市场崩溃"很快来到了。1929年，美国发生了载入史册的股市大崩溃，并引发了全球经济危机。此后长达数年，股市遭到唾弃，大量

---

[1] 不过，我们欣喜地看到，在股灾后，证监会已经加大了对股市操纵等行为的稽查和惩处力度。据报道，证监会对马信琪涉嫌操纵暴风科技股票价格和孙国栋涉嫌操纵全通教育、中科金财、如意集团、西部证券、开元仪器、奋达科技、鼎捷软件、暴风科技、雷曼股份、深圳华强、仙坛股份、新宁物流和银之杰等13只股票价格操纵案已调查、审理完毕。现在，基本在每周证监会的例行记者会上，都会看到对一些违法违规行为的查处通报。2015年10月底，号称"私募一哥"的徐翔也被控制。这些，都让中国的资本市场逐步走上正轨。我们希望能看到，对于一些涉嫌操纵股价的公募基金，也能严肃处理，还市场以公开、公平、公正。

优质的公司折价交易，股价甚至远远低于其清算价值。在此"废墟"上，格雷厄姆和多德提出了股票投资的新准则：

1. 投资被看作一类组合性操作，借助风险分散措施可以产生令人满意的平均结果；
2. 与固定价值投资类似，个股选择时应当采用定性分析与定量分析相结合的办法；
3. 相对于债券投资而言，普通股投资更加注重对于未来前景的分析。[1]

结合我们在上一部分总结出的路线图，就可以很清晰地理解这些股票投资新准则。它既非一战前片面强调定量分析的方法，更不同于新时代"将赢利趋势作为价值判断的唯一标准"的定性分析方法。它更强调对于股票未来前景的分析，但这样的前景必须是与定量分析相结合的产物，最后，再用分散措施降低潜在的"黑天鹅"风险。

依据这样的炒股新准则，成功持续跑赢大盘的条件有三个：第一是以股票的持续扩展作为基准。对于价值投资者来说，股市从来不是一个零和游戏，股票也不是击鼓传花的游戏。当你买入一只股票，并不是仅仅买入了一个代码，而是拥有一个实实在在企业的部分所有权。当国家财富和企业赢利能力都持续增长的情况下，你的利益当然也会随之增长。这正是巴菲特为什么买入一组优秀企业并坚定持有的原因。

第二是以个股成长性作为选择股票的依据。是谁说格雷厄姆不投资于成长股？是谁说格雷厄姆和费雪的成长股投资理念是对立的？在新准则里，两位投资大师充分肯定了成长股选择的重要性，"我们必须回复以明

---

[1] 格雷厄姆：《证券分析》，中国人民大学出版社，2013，第433页。

价值投资路线图
格雷厄姆智慧家族的制胜之道 >> >>>

确而有力的主张：当成长型企业股价尚处于合理水平时，能够将它们成功识别出来的投资者，无疑在资金运营上也有着极佳的表现"[1]。

但关键是如何能成功地识别？他们进行了一些分析，但显然这些分析是不够的，无论从其研究深度和所占篇幅上，都有许多需要补充的地方。

关于这个缺憾，他们在《证券分析》第1版前言《不可以蠡测海》中是这样解释的："一些至关重要的话题，如企业未来发展前景的决定因素在本书中所占篇幅较少，因为关于这个话题确定性的价值因素太少。"[2]二老还是出于谨慎的原则，点到为止，但他们也深知这个方面的重要性，只是不敢妄下论断。而智慧家族的另一成员——费雪所做的《如何选择成长股》，恰恰是对此方面进行了专题研究，可以起到很好的补充完善作用，后文将对费雪的成长股投资理论专门论述。

第三是以安全边际原则为选股基石。此处提出了著名的安全边际原则，"安全边际均体现为以低于分析师所衡量的最低内在价值的折价出售股票"。[3]这就是巴菲特所说、并被无数人经常挂在嘴边的"以0.4美元买进1美元的东西"。

但是说来容易，要确定这个东西真的值1美元却不是那么容易的。因为此处的内在价值绝不是账面价值，而是结合了定量因素与定性因素，以定量因素为必要条件，以成长性为依据的价值。

在评估一只股票的内在价值时，要尽可能保守，也就是做到"最低"。在此基础上，如果市场价格仍有一个折价，这个折让部分就代表了"安全

---

[1] 格雷厄姆：《证券分析》，中国人民大学出版社，2013，第435页。
[2] 格雷厄姆：《证券分析》，中国人民大学出版社，2013，第24页。
[3] 格雷厄姆：《证券分析》，中国人民大学出版社，2013，第439页。

边际"。折价部分越大,意味着安全边际也就越大。格老将此称之为"物超所值的个股策略",目标就是努力寻找价值被低估的股票,"这类股票的出售价格远远低于真实价值。罕有普通股能从各个定性的角度同时使投资者满意,并且在同一时间被发现,能够以相对于赢利、股息和净资产等量化指标而言较低的价格出售。这种股票一旦出现,无疑极其适合组合投资的选股标准"[1]。

安全边际概念是格雷厄姆和多德提出的一个非常重要的理念,是做到确保安全和防范风险的重要步骤。其实从提出内在价值,区分投机与投资,用定量与定性分析相结合来评估内在价值,到提出股票投资新准则,安全边际概念的形成就是顺理成章、水到渠成的。这一系列理念的推演最终形成了"安全边际"的重要投资思想。

格雷厄姆在《聪明的投资者》中也用专门一章的篇幅,来详细论述"作为投资中心思想的'安全边际'",可见格雷厄姆本人对这个理念的看重。

巴菲特几乎用他一生的投资行动来实践这四个字,他总是在致股东的信中不断强调"我依然认为这几个字非常正确"。这确保了他长期战胜市场,并用复利取得了惊人的业绩,也使他在找不到有足够安全边际标的时,耐心持有现金,等待梦寐以求的投资机会出现。

他对安全边际曾打过一个形象的比喻:"在建筑一座桥梁时,尽管通过这座桥的卡车的重量通常只有10000磅,你也必须坚持其承重要达到

---

[1] 格雷厄姆:《证券分析》,中国人民大学出版社,2013,第440页。

价值投资路线图
格雷厄姆智慧家族的制胜之道 » »»

30000磅。同样的原则也适用于投资。"[1]

以上两部分是格雷厄姆智慧家族最核心的投资体系，从一张图表中，我们可以感受到股票估值的困难，但同时也可以清晰把握估值的理念和体系。在把握何为内在价值，知道该如何用定量与定性相结合的方法评估出其大致范围的基础上，才提炼出股票投资的新准则——安全边际，而这个新准则，到今天依然完全适用！

巴菲特在1992年度致股东的信中，对这个体系做了很好的阐释："虽然评估股权投资的数学计算式并不难，但是即使是一个经验老到、聪明过人的分析师，在估计未来年度票息时也很容易发生错误。在伯克希尔，我们试图用两种方法来解决这个问题。首先，我们试着坚守在我们自认为了解的产业上，这表示他们本身通常相当简单且稳定。如果企业很复杂而产业环境也一直在变，我们实在是没有足够的聪明才智去预测其未来的现金流量。碰巧的是，这个缺点一点也不会让我们困扰。就投资而言，人们应该注意的，不是他到底知道多少，而是应该注意自己到底有多少是不知道的。投资人不需要花太多的时间去做对的事，只要他能够尽量避免去犯重大的错误。第二点一样很重要，那就是在买股票时，必须要坚持安全边际。若是我计算出的价值只比其价格高一点，我们不会考虑买进。我们相信恩师格雷厄姆十分强调的安全边际原则，是投资成功的最关键因素。"

---

[1]格雷厄姆：《聪明的投资者》，人民邮电出版社，2011，第371页。

第二章
> > > 智慧家族家规：格雷厄姆的知识体系

家长的训诫：方法、技术及其他

在第 28 章《普通股投资的新准则》的最后，格雷厄姆和多德写道："普通股投资者所需的方法与技术是下一章的主题。"在充分掌握核心理念后，具体的方法和技术就是比较简单的事情了。

在这个层面，他们更偏重于定量分析，主要从股息、利润表和资产负债表三方面切入进行解读。其中赚取股息是与债券或优先股这些固定价值投资进行对比，强调的是股票投资中的稳定收益部分。如果一家公司稳定地派发股息，就算市场不好，股价不振，至少股东还有稳定的股息收益。而且，股价越低就意味着股息率（股息除以股价）越高，甚至可能超过长期利率的收益，那当然是一笔不错的买卖。所以他们认为，如果两家公司行业地位相似且赢利能力相同，派息较高的公司就应该有更高的股价。[1]

通过分析损益表，可以看出一家企业的赢利能力，而通过分析资产负债表，则可以考察企业的资产价值。但是在损益表和资产负债表中都有很多猫腻，需要特别警惕。这些猫腻绝大部分都不是造假账，但却可以用种种符合会计条例的方式来调节利润粉饰资产。所以巴菲特经常说，如果需

---

[1] 对于股息的派发有很多不同的观点，这取决于上市公司的不同策略，也取决于公司管理层的资金调拨能力，所以不能僵化看待，巴菲特、费雪、林奇等人对此都有不同的论述。巴菲特在 2012 年度致股东的信中，还用较大篇幅解释了伯克希尔为何不派发股息，以及派发股息的原则。在中国投机气息异常浓厚的股市氛围中，人们很少关注股息率的问题。总之，普遍的观点是，一个稳定派发股息且股息率高的公司当然应该优于其他公司。

价值投资路线图
格雷厄姆智慧家族的制胜之道 › »› »››

要利润表的数字，他和芒格可以做出非常漂亮的当期损益数字来。

芒格甚至有更为极端的说法："你每次看到EBITDA（即未计利息、税项、折旧及摊销前的利润）这个词汇，你都应该用'狗屁利润'来代替它。"[1]

总之，投资者需要对损益表和资产负债表进行认真研究，用心而不是仅仅用眼睛来看那些纸上的数字。如何去伪存真，还原数字后面企业真实的赢利能力和资产质量，才是最关键的。

比如损益表中的非经常性损益项目，就可能夸大企业的赢利能力，看似美妙的数字后，不过可能是一时的饮鸩止渴；又如资产负债表中的存货，也许价值连城，未来还有升值空间，但绝大多数可能价值早已缩水，甚至已经一文不值。

类似的还有无形资产"商誉"。巴菲特就曾说，像软件之类的无形资产当然应该摊销和折旧，但是像客户关系这样的无形资产价值却会越来越大。[2]

所以，要用一双慧眼，勘破隐藏在财务数据后的种种谜团，殊为不易，但是这终究还是属于会计和数学科目，属于投资领域的科学部分，花些功夫是能够比较准确搞定的。

两位大师用了几乎整本书的篇幅，举了大量的实例，讲得非常清楚，这里对于具体的会计方法就不再赘述[3]，我只在下文把他们的特别"训诫"

---

[1] 查理·芒格：《穷查理宝典》，上海人民出版社，2010，第141页。

[2] 2012年度巴菲特致股东的信。。

[3] 对于估值方法的系统阐述，详见下一章关于巴菲特对估值方法的提升部分。另外，有一本书叫《手把手教你读财报》（中国经济出版社2015年版，唐朝著），深入浅出，是研究财报比较好的简易教程，可以参考。

第二章
>>> 智慧家族家规：格雷厄姆的知识体系

提取出来，一目了然，便于大家在投资实践中运用。

这里还要特别提一下，对于现金流量的分析，格雷厄姆和多德显然做得不够。当然这有历史原因，在他们所处的时代中，企业的形态多是矿业、运输业、公用事业和制造业等等。这些行业的显著特征就是拥有大量厂房、设备和库存等等，这些有形资产大多体现在资产负债表中，所以他们在考察一个企业的资产质量时，虽然也提到自由现金流的重要（比如在第36章对尤里卡管道公司的分析），但主要还是围绕着资产负债表中大量的实物资产来进行的。而且，当时很多的公司并无义务提供现金流量表，这也造成了一定的研究困难。但即便如此，也难掩这个缺憾。

罗杰·洛温斯坦在为《证券分析》第一部分所做的导读《必不可少的教诲》中直言："《证券分析》一书中涉及的现金流内容，现在的确已经过时了。在20世纪30年代，公司并不需要公布现金流量表，也几乎没有公司会这样做。如今，详细的现金流量表是必须公布的，对认真的投资者而言也是不可或缺的。损益表提供公司的会计利润信息，现金流量表报告资金流转信息。"[1]

不过，这个缺憾很快就被智慧家族的其他成员补足了。巴菲特对自由现金流认识深刻，他在1992年度致股东的信中说："在约翰·伯尔·威廉斯50年前所写的投资价值理论中，老早便已提出价值的公式，我把它浓缩列示如下：今天任何股票、债券或是企业的价值，都将取决于其未来年度剩余年限的现金流入与流出，以一个适当的利率加以折现后所得的期望值。"在投资实践中，他更是将此运用得炉火纯青。下一章将专题论述。

---

[1] 格雷厄姆：《证券分析》，中国人民大学出版社，2013，第69页。

价值投资路线图
格雷厄姆智慧家族的制胜之道 » » »»»

下面，归纳出《证券分析》《聪明的投资者》中有关投资方法、技术和理念的四条"训诫"如下。

训诫一，远离有任何诚信疑点的公司

中国股市的不成熟并不在于炒小、炒新、炒作垃圾股，而在于大量炒作有诚信污点的企业。有些企业财务造假，包装上市；有些企业虚构产品，蒙骗股民；还有企业跟风热点，制造概念，拉抬股价，甚至和一些基金公司内外勾结，从中牟利。

林林总总不一而足的欺诈行为，在中国的市场上得不到应有的严惩，反而被拿来作为所谓题材进行爆炒。比如一家叫**绿大地**的公司，竟敢冒天下之大不韪，完全虚构利润造假上市，这样的公司非但没有立刻退市，反而变成了壳资源，被连续恶炒。法治不彰，公道不行，这样的市场只会是劣币驱逐良币，最后全盘皆输，这是证券监管部门严重的失职，而股民如果习惯参与这样的恶劣炒作，最后可能遭受惨痛损失。

格雷厄姆并不反对买卖垃圾债券和股票，条件是价格足够低，要能清楚地判断其中残余的价值。总之，要能够提供足够的安全边际，这样才能清醒地知道在买入垃圾股时，自己的行为是投资还是投机。但是对于有任何一点诚信疑点的企业，他则采取了果断一刀切的办法，像是把毒瘤从身上迅速割除一样，不留任何一点商量的余地。

他在对损益表中种种可能的财务操纵行为做出分析后，提出了他的观点："当一家企业采取可疑的会计政策时，投资者就应该避免购买该公司的所有证券，尽管当中的某些证券看起来可能会很安全或很有吸引力。联合雪茄连锁店的优先股就是一个最好的说明。该证券的统计数据曾经连续多年表现异常突出，但后来却被证明一文不值。面对以上这些奇怪的会计记账方法，投资者可能会推断该公司的股票仍然是非常安全的，因为当高估的利润被纠正后，安全边际仍然非常高。这种推断完全错误，因为你无法通过量化的方式，来扣除不诚信的管理这个因素的影响。应对这类问题的唯一办法是远离这类公司的股票。"[1]

对于这一点，家族另一重要成员费雪有更严格的要求，在他"寻找优良普通股的15个要点"中，根本不可能容忍有不诚信的行为出现，他的投资标准是"强烈的责任感"。

在第15个要点中，他谈道："管理阶层是不是只向投资人报喜不报忧？诸事顺畅时口沫横飞，有问题或叫人失望的事情发生时，则三缄其口？"一旦发现管理层有这些现象，立刻就要对这家公司打上一个大大的问号。他提出的办法是："面对这种滥用职权的做法，投资者只有一种方法能够保护自己。也就是，投资对象限于管理阶层对股东有强烈责任感和道德感的公司。"

不要说有诚信污点的企业了，就是对于没有"强烈责任感"的企业，他都给判了极刑："一家公司在这15个要点中，有任何一点不如人意，但其他要点得到很高的评价，则仍可视为理想的投资对象。不过，不管其他所有的事务得到多高的评价，如果管理阶层对股东有无强烈的责任感一事，令人深感怀疑的话，投资人绝不要认真考虑投资这样一家公司。"[2] 其他的问题都可以宽容，灵活掌握，但只有绝对诚信这条标准是绝不能有

---

[1] 格雷厄姆：《证券分析》，中国人民大学出版社，2013，第509页。
[2] 费雪：《怎样选择成长股》，海南出版社，1999，第56页。

价值投资路线图
格雷厄姆智慧家族的制胜之道 >> >>>

丝毫松动的。

后来,巴菲特在他的投资实践中,把这条"家规"发展到了极致。2014年12月23日,**比亚迪**港股盘中突然暴跌40%,据传与比亚迪总裁王传福被调查有关,事后被证实是谣言。

但是就在比亚迪公司澄清传闻之时,巴菲特发出每两年写给旗下80家公司高管的备忘录,在信中他再次强调,名誉就是一切:"正如我在这些备忘录里已经说了超过25年的话,我们可以赔钱——甚至很多钱,但是我们不能接受输掉声誉——哪怕是一丝一毫。"

2011年3月,巴菲特的头号继承人大卫·索科尔因内幕交易路博润股票事件让巴菲特痛下杀手,"立斩"爱将。那时他就表示"值得我托付大笔钱的那个人,必须像箭一样笔直。"[1]

是的,我们可以对一只垃圾股虚高的估值进行重估,但是却永远无法用定量的方式来揣测一家毫无诚信的公司,到底会做出怎样恶劣的事情来。如果发现一家企业的管理层做出任何不诚信的行为,请像远离毒品一样远离这家公司,这样才能共同维护市场的秩序和尊严。

训诫二,不要让当前收益成为投资"指挥棒"

一只股票的当前收益反映在损益表中,这是一个企业赢利能力的最直观数据,体现的是企业赚钱的能力,当然十分重要。

我们经常提到的市盈率,就是股价除以当前每股收益的结果。很多价值投资者把市盈率天天挂在嘴上,以为只要市盈率足够低,就一定安全保

---

[1]据新浪财经报道。

险,其实这是对价值投资的片面理解。

前文已经提到,市盈率的基础每股收益,是一个很微妙的数字。借用有人对历史学的一个著名比喻,收益也像是一个小姑娘,可以任人打扮。《证券分析》第 31 章《损益表分析》开宗明义就讲了"收益不仅是波动的,而且是随意决定的"。很难想象,"这些构成公司价值大厦的每股收益,不仅波动频繁,而且在很大程度上是受人随意决定和操纵的"。

两位大师总结了操纵每股收益的四种办法:"通过将某些项目计入盈余,而不是损益,或是相反;通过多提或少提摊销及其他准备;通过改变资本结构,在优先证券和普通股之间进行调整;通过利用未用于公司经营用的大量资本金。"[1]

其实,对于每股收益这个"小姑娘"的打扮方式还有很多种,显然,格老他们低估了人们在这方面与时俱进不断创新的能力。

但是,不管这个数据中间有多少水分,只要我们通过学习,大致掌握基本的财务知识,通过分析和调整,是完全可以还原出一个相对比较真实的赢利数据的(刻意造假除外。如果一个企业故意伪造数据,除非到企业里去实地考察或到市场上调查,单凭报表要发现疑点有一定的困难。比如中国股市中著名的**银广夏案**和**蓝田股份**财务造假案,都需要除报表外的其他数据来印证。这也就是为什么一定要远离无良公司的道理)。

我们这里重点要讲的,就是对于这个比较真实的当期收益数据所应该采取的态度。对此,格雷厄姆明确提出的观点是:不应将当前收益作为首要的估值基础。不仅如此,还应该利用人们对当前收益过分重视的倾向,

---

[1] 格雷厄姆:《证券分析》,中国人民大学出版社,2013,第 481 页。

价值投资路线图
格雷厄姆智慧家族的制胜之道 >> >>>

赚取合理的差价。

这是因为,"普通股的市价更易受公司当前收益的影响,而不是长期平均收益。这在很大程度上导致了普通股的股价波动,且这一波动几乎(当然会有变化)与业绩的好坏变化相对应。很明显,根据当前收益而相应改变对某家公司的估值,是不理性的。一家企业在业绩好的年度可能轻易赚取相对于业绩差的年度两倍的利润,但是其所有者可能从未想过要相应地增减公司的价值"。[1]

这让我想起了巴菲特在2013年度致股东的信中举了他的两个投资小案例。在这一年的信中,他语重心长地讲了关于投资的一些思考。开篇先讲了格老在《聪明的投资者》中的一句忠告:最聪明的投资,是把它当作生意一样看待。随后,他说,在1986年他投资了内布拉斯加州的一个小农场,在1993年投资了纽约大学边的一个小物业。这两项投资都让他大赚了一笔。

两笔投资的道理是一样的。他并没有因为农场每年的收成变低或变高,物业的租金每年有多有少就考虑把他们卖掉。这样的当期收益,并不影响他对这两项投资长期价值的判断,因为他是从"所有者"的角度思考投资问题的。他更多考虑的是长期平均收益,而且这个收益还在持续增长。

巴老这么一讲是不是很简单明了?但是为什么一换作股票,很多人就变得疯狂而失去理智呢?更不用说像所有者一样思考了。

格雷厄姆对此提示了市场机会的存在:"投机的大众在这一点上所采取的态度明显是错误的,而且他们的错误可能会给更理性的投资者以获利机会。因为后者会在股价因当前收益减少而下跌时买入股票,并在市场异

---

[1] 格雷厄姆:《证券分析》,中国人民大学出版社,2013,第591页。

常繁荣使得股价大涨后卖出。"[1]

对此，格雷厄姆提出了一个精彩的"击败股市的经典方法"——逆向投资法。这种方法的可行之处在于"市场的错误"，因为它总是假设在任何情况下，当期收益的这种变化都会继续下去，或者至少保持。"然而经验表明，那只是例外，大部分的实际情况其实是相反的"。

但是，要想成功运用逆向投资法却十分困难。因为"使用该方法需要有坚毅的性格，以便能与众不同地思考与行动；同时该方法也需要耐心，以等待数年后才可能出现的机会"。[2]

智慧家族的另一名重要成员邓普顿将这种方法发扬光大，后文将专题论述。

每股利润实在是太重要了。投资者经常盯着一家公司每年甚至是每季度的当前收益，并据此做出买入或卖出的判断。某种意义上，当期收益成为投资的指挥棒。但这恰恰是我们要极力避免的。

一家企业的发展就和人生一样，有高峰也有低谷，它不可能年年增长，事事顺利。偶尔有一年碰到了小的挫折，造成了业绩的下滑，只要客观分析，如果这样的下降并不是企业出现了根本的问题，而只是在前进的中途坐下来看看风景，为了下一步的发展积蓄更大的力量，那这样的停顿又有什么大碍呢？企业的价值并没有因为短期收益的下降而受到根本影响，反而仍在增长，因为这种短期的恐慌就卖出一只好股票的做法是不是很愚蠢？

在《聪明的投资者》中，格雷厄姆专门用第12章来讲"对每股利润

---

[1] 格雷厄姆：《证券分析》，中国人民大学出版社，2013，第591页。
[2] 格雷厄姆：《证券分析》，中国人民大学出版社，2013，第591页。

的思考"。他提出两条建议："第一，不要过于看重某一年的利润；第二，如果你确实关注短期利润，请当心每股利润数据中存在的陷阱。如果我们严格遵守第一条告诫，那么第二条告诫就没有必要存在。但是，我们不能指望大多数股东根据长期记录和长远前景做出所有普通股决策。"[1]

这样看来，"格雷厄姆的方法就是购买低市盈率的股票"的说法站不住脚。他实际主张的是在对每股利润和市盈率做全面深入分析后，再理性做出投资决策，而且要看长期市盈率的情况。

当然，习惯于买入高市盈率的股票，一定风险是很大的。林奇对此也曾说过"拘泥于市盈率固然很傻，但是完全不理睬也不应该"，"千万不要买入市盈率特别高的股票。只要坚决不购买市盈率特别高的股票，就会让你避免巨大的痛苦与巨大的投资亏损"。[2]

我们所要做的，就是要根据一家企业的长期记录和长远前景，具体分析它的市盈率情况，做出我们的投资决策。

训诫三，分析证券，不要分析市场

第一章中已经提到，亚当·斯密告诫人们不要高估自己的能力，当时就讲到了市场不可预测。在《证券分析》第52章，格雷厄姆专门提出了市场分析和证券分析的区别，再次告诫我们，不要企图去分析市场，要把精力放在分析证券上。

格雷厄姆认为市场分析可以分为两类，一类是只从股票市场甚至个股的历史表现中努力寻找资料，并希望能从中发现规律，从而预测市场和个

---

[1]格雷厄姆：《聪明的投资者》，人民邮电出版社，2011，第205页。
[2]彼得·林奇：《彼得·林奇的成功投资》，机械工业出版社，2009，第十章。

股的走势；另一类则是关注所有的经济因素，比如整体和特定的宏观经济变化、商业状况、利率走向，甚至政治局势。

第一类就是我们通常看到的技术派，他们都是图形研究的"高手"，KDJ、MACD、均线、金叉……通过在各种图表上画上股票价格或者均值变化，来预测下一步在什么位置会有支撑，什么位置上又会破位。这类人物格雷厄姆将其尊称为"图表专家"。

第二类人物一般以宏观经济学家自诩，他们对于CPI、PPI、发电量、钢产量……都了如指掌，并以预测利率的调整，宏观经济走势为乐，借此与股市挂钩，希望能准确预测股票的涨跌。这两类市场分析派往往结合在一起，对外展现出的都是高深莫测的理论素养。

格雷厄姆并没有全面否定市场分析的方式。他只是认为，"市场预测是一门需要才能、判断力、直觉以及其他个人素质的艺术"，这种操作方法要求有超强的心理素质和极其敏锐的市场感觉，比如前文提到的人称"股市大鳄"的索罗斯。但即便强大如索罗斯，也有瞬间巨亏的惨痛时刻，对于我们这些资质平平的普通之辈，就更要仔细掂量一下自己有几斤几两了。

市场分析另一个非常普遍、看似仿佛是真理的观念就是"扩利止损"，就是许多人经常挂在嘴上的、听上去异常美妙的一句名言：截断亏损，让利润奔跑。

格雷厄姆认为这是一句赌博格言："许多玩家在轮盘赌中遵循一个类似的方法，这个方法在每一环节限制了损失，而且有时候带给他们巨额收益。但是最后他们往往发现，多次零星损失的集合，超过了少数几次的大额收益之和。因为较长时期内赌博输赢的数学概率是无法变更的，

价值投资路线图
格雷厄姆智慧家族的制胜之道 > >> >>>

因此结果必然如此。"[1] 前文已提到,在实践中,我们很少看到有谁是靠止损让利润奔跑起来的。

市场分析派还有一个缺点是"它其实是智慧的较量",就是我们通常所说的零和游戏。"一部分人在市场交易中创造的利润,主要是另一部分做着同样事情的人付出的损失","市场分析者只有比他的竞争对手更聪明或更幸运,才有希望获得成功"。[2]

格雷厄姆给我们指出的证券分析方式与以上市场分析方法截然不同。他强调的是如何通过自己的辛苦努力,挖掘企业的内在价值,并寻找充足的安全边际,一旦找到此类股票(或企业或资产),就坚决买入并持有到其价格回归。

证券分析也是一门艺术,对投资者也要求有足够的才能和知识,但是这些要求是可以通过后天的努力学习达到的。在挖掘出股票的内在价值,并有足够的安全边际前提下,买入股票后不存在止损概念。如果市场出现非理性的下跌,不过是提供了更加充足的安全边际,也提供了更多的买入机会罢了。

还有,进行证券分析的投资者之间没有竞争关系,他们都希望从所投资的企业中获得长期的稳定收益。如果市场非理性上涨,他们也会果断卖出获利,但如果这种极端情况不出现,他们就长期持有。

格老在《聪明的投资者》中用第 8 章阐述了"择时方法"(市场分析)与"估价方法"(证券分析)的重大区别,并详细分析了价值投资者如何利用市

---

[1]格雷厄姆:《证券分析》,中国人民大学出版社,2013,第 803 页。
[2]格雷厄姆:《证券分析》,中国人民大学出版社,2013,第 806 页。

# 第二章
>>> 智慧家族家规：格雷厄姆的知识体系

场波动来获利的方式。巴菲特对此章极其推崇，曾在历年度致股东的信中多次提到，并要求投资者认真阅读。就是在这部分内容中，格雷厄姆提出了最为著名的"市场先生"的比喻。

你的一位合伙人——名叫"市场先生"——的确是一位非常热心的人。每天他都根据自己的判断告诉你，你的股权价值多少，而且他还让你以这个价值为基础，把股份全部出售给他，或者从他那里购买更多的股份。有时，他的估价似乎与你所了解到的企业的发展状况和前景吻合；另一方面，在许多情况下，市场先生的热情或担心有些过度，这样他所估出的价值在你看来似乎有些愚蠢。

如果你是一个谨慎的投资者或一个理智的商人，你会根据市场先生每天提供的信息，决定你在企业拥有的1000美元权益的价值吗？只有当你同意他的看法，或者想和他进行交易时，你才会这么做。当他给出的价格高得离谱时，你才会乐意卖给他；同样，当他给出的价格很低时，你才乐意从他手中购买。但是，在其余时间里，你最好根据企业整个业务经营和财务报告来思考所持股权的价值。

从根本上讲，价格波动对真正的投资者只有一个重要含义，即它们使得投资者有机会在价格大幅下降时，做出理智的购买决策，同时有机会在价格大幅上升时，做出理智的抛售决策。在除此之外的其他时间里，投资者最好忘记股市的存在，更多地关注自己的股息回报和企业的经营结果。[1]

还记得上文提到的巴菲特的那两笔小投资吗？市场分析者（投机者）的主要兴趣在于预测市场波动，他们希望如算命先生一样，算出这块农场

---

[1] 格雷厄姆：《聪明的投资者》，人民邮电出版社，2011，第140页。

价值投资路线图
格雷厄姆智慧家族的制胜之道 > >> >>>

或纽大物业下一步的市场价格涨跌。而对于证券分析者（投资者）来说，主要兴趣在于买入这些资产时的价格是否合理，而这块小农场和纽大物业是否有合理的价值和长期升值空间。股票投资亦如是。一旦拥有好的投资标的，就不要去理会短期市场波动。

格老的经典训诫是："市场分析看起来比证券分析容易，而且实现收益也更快。基于以上分析，就长期来看，市场分析可能令人失望。不论是在华尔街还是其他任何地方，都没有既快速又容易赚钱的可靠途径"[1]。

训诫四，投资最重要的原则：不要亏损

格雷厄姆有一句大家耳熟能详的话，就是他对投资者的告诫，"作为一个成功的投资者应遵循两个投资原则：一是不要亏损，二是永远不要忘记第一条原则"。

刚听到这句话时，我百思不得其解。我们当然不愿意亏损，谁又愿意在投资中亏损累累呢？但是残酷的现实告诉我们，市场上80%的人都难逃亏损的命运。

只要是投资，怎么可能做到不亏损？市场急剧起伏，要做到永不亏损，怎么可能？即使巴菲特也不能确保百分之百赢利，而不会被套啊？直到对格雷厄姆的投资体系做了全面研究之后，我才充分理解了大师这句话的真正含义。

上面我们讲到的所有原则和体系，从亚当·斯密的价格围绕价值波动的经济学原理，到格雷厄姆企业内在价值的评估，再到股价与内在价

---

[1] 格雷厄姆：《证券分析》，中国人民大学出版社，2013，第806页。

值之间形成的安全边际投资理论,最后所要得到的结果就是这四个字:不要亏损。

只要严格按照格老所指引的方向,正确衡量企业的内在价值,发现由于"市场先生"的异常情绪或者市场分析者各种心理变化所带来的急剧市场波动,找到合理的足够的安全边际,并坚信股价必然向价值回归,这个投资过程就是最为安全稳妥的。这个过程中不是没有出现"黑天鹅"的可能,但是从长期而言,这样的偶发事件在整个投资组合中的风险已降到最低。"稳健的投资原则一般会带来稳妥的结果",而"最有条不紊的投资就是最明智的投资"。[1]

对格雷厄姆投资方法的真正掌握和运用,是不要亏损的前提条件。另一方面,不要亏损的结果对投资者来说,也非常重要。因为投资最重要的是复利增长,这一点意义非凡,而对于复利增长而言,经常亏损是致命的。

复利的概念,前文已做过解释,对于稳健的投资者来说,就是要追求长期增长的稳妥结果,充分发挥复利的神奇增长作用。巴菲特对此早有领悟。他从早年度致股东的信中就不断提到复利增长的问题。比如在1963年度致股东的信中就说:"我们的合伙基金存在的根本原因,就是要以高于平均水平的收益复利增长,而且长期资本损失的风险比主要投资公司更低。"

在巴菲特50年的投资生涯中,平均收益率仅有20%左右,这在当今的股市中,会被很多人瞧不上,对于动辄就追求50%、100%甚至200%的浮躁股民来说,每年20%太慢了。大家都走在迅猛发财致富的"康庄

---

[1] 格雷厄姆:《聪明的投资者》,人民邮电出版社,2011,序言。

价值投资路线图
格雷厄姆智慧家族的制胜之道 »»»»

大道"上。但是回头来看,又有多少人能够全身而退?

反观巴菲特,这个看似不起眼的20%,却创造了惊人的奇迹。在整整50年的投资过程中,由于巴菲特坚守格雷厄姆的投资体系,基本实现了不要亏损的教导(仅有两年出现亏损的情况,一次是9·11事件后,出现了巨额的保险理赔;另一次是2008年金融危机,股市暴跌)。

更为宝贵的是,在巴菲特全部50年的投资生涯中,仅有几年跑输了标普500指数,而如果以五年为一个计算单位(以长期投资而不是以短线投资来衡量),则全部跑赢了标普500指数。[1]

复利的作用无疑是神奇的,但是在复利的累积过程中,最大的灾难就是亏损。一次大的资产损失带来的是致命的影响,它会大大影响最后的累积结果,"一名在10年内连续获得16%回报率的投资者最终的财富,居然比一个连续9年获得20%年回报率、却在第十年损失15%的投资者的财富要多,这一结果可能会让人感到意外"。[2]

这就是对于价值投资来说不要亏损至关重要的原因。

但是,尽管我们现在明白了如何按格老的指引做到不要亏损,也明白了不要亏损的极端重要性。然而面对股市里的极致诱惑,面对每天飞速上涨的神创板,面对着一倍、两倍、三倍正在翻番、并无多少实际价值的股票,谁又可以抵抗?

格雷厄姆和多德在《证券分析》第一版前言中警告我们:"在面对其他证券投资方式时,我们一直努力告诫学生,切记不可以蠡测海,只看表

---

[1] 在巴菲特2013年度致股东的信中,他写道:"2007年到2013年这个周期里,我们成功跑赢了标普指数"。
[2] 塞思·卡拉曼:《安全边际》第五章《明确你的投资目标》,第96页。

面和眼前的现象。笔者以自己闯荡华尔街20年的沉浮经验告诫读者,表面和眼前的现象是金融世界的梦幻泡影与无底深渊。"[1]

但就是在"如梦幻泡影,如露亦如电"的假象之前,大家无法自拔,面对无底深渊,又有多少人奋不顾身地纵身而下?不要亏损,真的好难。

格雷厄姆出于对人性的把握,对此早已洞悉。他在《聪明的投资者》的导言部分说"投资者的最大问题甚至是最可怕的敌人,很可能就是他们自己",所以"本书的目的在于,指导读者避免陷入严重的错误,并建立一套令其感到安全放心的投资策略"。[2]

他甚至为在苦海沉浮中的股民想出了具体的操作办法。当然,这些办法的前提是,必须先对以上格老的投资体系和所有投资训诫了然于胸,并能遵循其中的原则,否则再好的办法也无济于事。

下面就把格老在《聪明的投资者》中为大家想出的不要亏损的投资办法提炼出来,供实践中运用。

我们建议投资者将其资金投资于股票的比例限制在25%~75%之间,并根据股市的动向进行反向操作,这种策略是"程式投资"原理的体现。[3]

市场的大幅上升,会立即给人们带来适当的满足感以及谨慎的担忧,同时也会使人产生强烈的不谨慎冲动。你的股票上涨了,很好!你比以前更富有了,很好!但是,价格上涨是否过高,你应该考虑出售吗?或者,你是否会因为低价时购买的股票太少而责备自己呢?或者(这是最坏的想

---

[1] 格雷厄姆:《证券分析》,中国人民大学出版社,2013,第25页。
[2] 格雷厄姆:《聪明的投资者》,人民邮电出版社,2011,第8页。
[3] 格雷厄姆:《聪明的投资者》,人民邮电出版社,2011,第23页。

价值投资路线图
格雷厄姆智慧家族的制胜之道 > >> >>>

法），你现在应该认可牛市气氛，像绝大多数大众那样满怀热情，陷入过分的自信和贪婪（毕竟你也是大众中的一员），并且进行更多的危险投资？到目前为止，最后一个问题的答案显然是否定的，但是，即使是聪明的投资者，也可能需要很强的意志力来防止自己的从众行为。

正是出于对人性的考虑（而不是出于对财务损益的考虑），我们才主张在投资者的证券组合中，采用某种机械的方法，调整债券与股票之间的比重。或许，这种方法的主要好处就在于，它使得投资者有事可做。随着市场的上升，他将不断出售所持有的股票，并将所获收入投入到债券中；当市场下降时，他会采取相反的做法。这些交易活动将提供某种通道，以释放投资者有可能不断累积的能量。作为一名恰当的投资者，他还能从下列想法中获得满足感：自己的业务操作与普通大众的正好相反。[1]

格雷厄姆真不愧是一位好老师，他甚至考虑到了人性的弱点，因此想出这样一个机械的方式来控制自己躁动的情绪。

格伦·格林伯格在《证券分析》第五部分导读《追求理性投资》中说，"为什么只有少数自律的从业者听从他们的忠告？我认为，答案潜藏于三个人性的缺点之中：厌倦枯燥乏味、倾向感性多于理性以及贪婪"[2]。

是的，如果让我们在股市中无事可做，那将是多么的无聊乏味。但是频繁的买入卖出，带来的是短时间的刺激，同样也可能带来的是永久性的亏损。以上的办法，既满足了大家经常操作一下账户的渴望，又可以按照逆向的投资策略，尽可能地规避损失。这种方法对于谨慎的投资者来说，

---

［1］格雷厄姆：《聪明的投资者》，人民邮电出版社，2011，第132页。
［2］格雷厄姆：《证券分析》，中国人民大学出版社，2013，第475页。

第二章
>>> 智慧家族家规：格雷厄姆的知识体系

实战性真是太强了。

不要嫌慢，也不要嫌利润微小，只要保持长期的正向积累，最后取得的成果会让你自己吓一大跳。

如果你现在是 20 岁，那么恭喜你，践行格老的投资体系，将会取得惊人的成绩。因为时间是好企业的朋友，也是优秀投资人的朋友；

如果你现在是 40 岁，那么不要紧，哈佛有一句校训：觉得为时已晚的时候，恰恰是最早的时候。马上行动起来，不要再蹉跎。因为对于我们来说，时间，最宝贵的财富是时间，而最可怕的是，"这种智慧，或许就像青春一样，总被年轻人浪费"。[1]

走笔至此，我已将格雷厄姆智慧家族"家长"的全部投资体系和训诫总结完毕。这个工作异常艰辛，但也令人异常兴奋，因为格雷厄姆的投资体系是如此博大精深，每当重读他们的著作，都会有新的发现和更深的领悟。

在他们之后的近百年来，价值投资领域无人能够超越其框架，这个智慧家族中的每个成功者，都在为这个体系添砖加瓦，从理论和实践两方面，使这套体系更加丰富、全面、完整、立体。作为后辈，我们充满了感恩之情，正如每次巴菲特谈到恩师格雷厄姆时，都充满了感激和深情一样。在他 2013 年度致股东的信中，他仍然说："我大多数的投资分析都是从这本《聪明的投资者》当中学到的。1949 年我买到这本书，从此我的投资生涯完全改变。"

最后，让我们摘取格老 1974 年 4 月 11 日在其 80 寿诞上发表的演说

---

[1] 格雷厄姆：《证券分析》，中国人民大学出版社，2013，格林伯格《追求理性投资》。

中的一段话，作为对他的缅怀和致敬！

"在为诗人阿基亚斯进行辩护时，西塞罗作了一篇著名的诗文，高度颂扬了高尚的学习给人类带来的益处。'学习，滋润着年轻一代，抚慰着暮年老人；学习，使我们的前景光明，在逆境中给予我们保护和安慰；学习，使我们在家生活充实，在外行动自如。学习陪伴我们度过漫漫长夜，学习陪伴我们历经长途跋涉，学习陪伴我们踱步于田野乡村'。"[1]

---

[1]格雷厄姆：《华尔街教父回忆录》，远东出版社，2008，第280页。

第三章
CHAPTER THREE

笑傲江湖的巨擎：
巴菲特的守正与出奇

令狐冲先前硬记口诀，全然未能明白其中含义，这时得风清扬从容指点，每一刻都领悟到若干上乘武学的道理，每一刻都学到几项奇巧奥妙的变化，不由得欢喜赞叹，情难自已。一老一少，便在这思过崖上传习独孤九剑的精妙剑法。

——《笑傲江湖》

如果说格雷厄姆是投资界的风清扬,那巴菲特一定就是那个笑傲江湖的令狐冲。

市面上对巴菲特的研究书籍可说是汗牛充栋,大家都从不同的角度试图解读股神的投资制胜之道。但是认真研究巴菲特对格雷厄姆投资体系传承与发展的著作却很少见。

这是一个非常奇怪的现象:一方面巴菲特不断强调自己的投资体系完全得自于格雷厄姆;另一方面,大家却固执地认为,巴菲特早已偏离了格雷厄姆所指示的投资门径。

小贴士

　　巴菲特的复利清单:从1965年至2015年的50年中,巴菲特管理的伯克希尔的股价从11美元上涨了2.05万倍,显示出复利的惊人威力。(见附图)

巴菲特的收益率清单

年份	收益率	年份	收益率	年份	收益率
1965 年	23.80%	1982 年	40.00%	1999 年	0.50%
1966 年	20.30%	1983 年	32.30%	2000 年	6.50%
1967 年	21.00%	1984 年	13.60%	2001 年	−6.20%
1968 年	19.00%	1985 年	48.20%	2002 年	10.00%
1969 年	16.20%	1986 年	26.10%	2003 年	21.00%
1970 年	12.00%	1987 年	19.50%	2004 年	10.50%
1971 年	16.40%	1988 年	20.10%	2005 年	6.40%
1972 年	21.70%	1989 年	44.40%	2006 年	18.40%
1973 年	4.70%	1990 年	7.40%	2007 年	11.00%
1974 年	5.50%	1991 年	39.60%	2008 年	−9.60%
1975 年	21.90%	1992 年	20.30%	2009 年	19.80%
1976 年	59.30%	1993 年	14.30%	2010 年	13.00%
1977 年	31.90%	1994 年	13.90%	2011 年	4.60%
1978 年	24.00%	1995 年	43.10%	2012 年	14.40%
1979 年	35.70%	1996 年	31.80%	2013 年	18.20%
1980 年	19.30%	1997 年	34.10%	2014 年	8.30%
1981 年	31.40%	1998 年	48.30%	平均收益	21.97%

价值投资路线图
格雷厄姆智慧家族的制胜之道 › » »»

通过仔细反复研读巴菲特历年度致股东的信，我的结论是：巴菲特直到今天，从未偏离格雷厄姆的投资体系，只是在自己长期的投资实践过程中，不断进行演进和发扬罢了。

让我们再来回顾一下格老的投资体系：

1. 努力确定投资标的（可以是一只股票，也可以是一家私有化企业，一项地产物业等）内在价值的大致范围；

2. 内在价值评估的方法要综合运用定量分析和定性分析。定量分析侧重股息、赢利能力、资产质量、资本结构等可量化方面，定性分析侧重管理能力与声誉、行业竞争条件和前景、企业数据未来可能发生的变化等；

3. 用非常有利的定性因素支撑充分的定量分析；

4. 在大致确定合理的内在价值基础上，寻找足够的安全边际再买入；

5. 以合理价格（不高于私人企业相应股权的出价）购买极具前景的企业，以极低的价格购买一般前景的企业（但必须具有良好的财务记录）；

6. 不要预测市场，买入好的投资标的后，就不要理会它的短期赢利变化和市场整体波动，除非它的价格已上涨到非常不合理的高点；

7. 不要亏损。

这些投资思想的精髓贯穿在巴菲特历年度致股东的信中，也体现在他长期的投资实践中。关于内在价值的评估，定量与定性分析的技巧与直觉，安全边际，对合理价格买入优秀企业的偏好，对市场波动的态度，对不要亏损的告诫，这些都是对格老投资体系最好的传承。

在2015年最新发表的2014年度致股东信中，他再次引用格雷厄姆的话："几十年前，格雷厄姆在反省投资失败的教训时，引用了一句莎士比亚的名言：亲爱的布鲁图斯，错误不在星座，而在我们自己。"是的，方

第三章
> >> 笑傲江湖的巨擘：巴菲特的守正与出奇

向如此明确，体系如此完备，如果依然无法上路，那就只有从自己身上找原因，最后也只能是"关灯吃面"了。

当然，巴菲特有超强的自我进化和学习能力。在投资实践中，他不断对格雷厄姆的投资体系进行再发展，使其方法更合理，效果更显著。从其致股东的信中，可以比较清晰地看到他的投资实践和思想演进分为两个大的阶段。

第一个阶段是在1969年"退休"之前。这个阶段，他完全遵循格雷厄姆的教导，在投资过程中亦步亦趋，体现出更多"守正"的一面。在1969年解散巴菲特合伙公司后，他的投资重心转向以伯克希尔为核心的复合投资道路，这一阶段他结合新的投资实践对格雷厄姆的体系做了合理的发展，更多体现出在守正基础上的"出奇"。

1956年5月1日，巴菲特成立合伙公司时，只有25岁。他的小公司只有7个有限责任合伙人，其中4个家庭成员和3个好朋友。从1957年到1969年底，巴菲特合伙公司年均综合收益率为29.5%，而道琼斯指数的综合平均年收益率仅有7.4%。

在这个阶段的致股东信中，他多次提到合伙公司的三大投资类型：一般性证券——长期持有价值被低估的股票；套利性证券——利用企业出售、合并或重组等机会进行套利交易的证券；控制权——拥有相当高比例的股份以获取企业的控制权。

这种投资类型与格雷厄姆—纽曼公司的方向完全一致。在具体的投资方法上，巴菲特几乎在每年度致股东的信中，都会提到格雷厄姆的教导，他也是完全遵照执行的。在1958年度的信中，他说"我无意于预测股票市场，我主要的精力是寻找被低估的证券"。

价值投资路线图
格雷厄姆智慧家族的制胜之道 > >> >>>

他在分析一只位于新泽西的股票 Commonwealth Trust CO.of Union City 时，保守计算出其内在价值应该是每股 125 元，但它当时的价格仅有每股 50 元。因此，他说："我认为投资这样一个低估且有很好（安全边际）保护的项目，是获得证券长期收益的可靠手段。"

在1959年度的信中，他批驳了格雷厄姆曾批评过的"新时代"投资观，"也许还有其他估值标准正在进化，将永久地取代旧的标准，但是我不这么认为。也许我是错的，但是我宁愿接受因为过度保守而招致的惩罚，也不愿相信树木将长至天空外这样的'新时代'投资哲学。后者的错误将可能给资本带来永久性损失"。

在1961年度的信中，他总结了上文提到的三种投资运作方法。在说到第一种价值被低估的证券时，他说"无论如何，基于证券固有价值并且以低于该价值的价格进行买入的行为，是具有令人感到舒适的安全边际的。在具有相当安全边际的前提下，买入的股票将具有较大的升值潜力。长期以来，我们对于买入时机的选择，都要优于我们对于卖出时机的选择。我们并不指望赚到可能赚到的每一分钱，我们将十分满足于以很低的价格买入，然后在该证券的价格能够大概正确反映其价值时（这意味着对于一个私人持有者是一个较为合理的价格）将它卖出"。

在随后几年的信中，他多次强调安全边际的原则。在1966年度的信中，他说"买入的原则并没有任何改变。对该生意价格的定量和定性的衡量都照常进行"，"有哪个人在购买私人公司的时候，是根据股市的上涨和下跌的趋势做出购买决定的呢？随着市场的上涨和下跌，公司的核心价值并未见得会有很大的改变，我们所要做的就是利用市场的非理性而获利。相关的详细论述可以参见格雷厄姆《聪明的投资者》一书的第二章。我认为这一章的内容比目前任何的其他投资论述都更为重要"。

从以上论述中都可以看出，这个阶段巴菲特的投资方法完全是遵从格雷厄姆的。

1969年，巴菲特已经"厌倦了作为共同基金的领导者带给他的压力。他认为，人们对股票市场的估价过高，另外，加入巴菲特合伙公司的人越来越多，以至于他将不得不按照政府的规定，把他的合伙公司注册为一家投资公司"。[1]

在这一年，他给股东共写了四封信，可见当时他略显矛盾的心情。但是在结束了第一阶段的投资生涯后，他却开启了更加辉煌的人生。此后的投资思想，巴菲特在谨守格雷厄姆基本体系的基础上，做出了大胆的取舍和发挥，主要的方向是把格老的体系进一步化繁为简，大胆扬弃，最后将投资思想更集中于定性分析、优秀企业和现金流估值方法上。依靠超强的自我学习和进化能力，巴菲特完成了以下三个方面的演进。

在定量分析的前提下，更侧重于定性分析

关于证券估值过程中，定量与定性分析的关系，巴菲特一直在思考，也在力图把握其分界。

---

[1] 安迪·基尔帕特里克：《投资圣经》，机械工业出版社，2007，第104页。

价值投资路线图
格雷厄姆智慧家族的制胜之道 >> >>>

在早期,他仍然谨守着格老的"家规",没有越雷池半步。1967年度致合伙人的信中,他说"对于证券或公司的估值总免不了要涉及定性和定量的各方面的因素。从一个极端的角度来讲,定性的方法是'买下正确的公司,用不着考虑它目前的价格!'定量的方法则是'以正确的价格买入,用不着考虑公司的情况!'而在实际分析的时候,显然两方面因素都要给予考虑"。这正是格老在对内在价值进行评估时所反复强调的方法。

然而,我们也知道,定性因素更多的是在对过去数据分析基础上做出未来判断,因此,它更考验一个人的直觉、灵感和分析判断能力,某种意义上,定性分析是体现一个人投资天赋的部分。而巴菲特无疑是投资天才,在这方面,他有着惊人的洞察力和判断力,更关键的是,还有极强的自律性。

他在格雷厄姆那里,接受了系统的定量分析方法,打下了坚实的数据分析基础。在众多的股票中间,如何沙里淘金,找出账面价值被严重低估的股票,这对他来说一定不是什么困难的事情。但是,当大家都接受了这种简单的财务分析方法后,像大萧条时期大量出现的低于净资产值交易股票的情况,就会迅速减少,这种躺着就能挣钱的好日子很快就过去了。而如何更合理地进行定性分析,就决定了是不是能挣到大钱。

于是,他随后说"有趣的是,虽然我自认为自己主要毕业于强调定量方法的学派,我所做的真正令我感到满意的投资往往又是着重强调了定性因素的点子。从这些点子上,我有着一种'高利润性洞察力',这也是我大量利润的来源。虽然如此,这种洞察力往往来之不易,我并不能经常获得。正如洞察力往往都是偶然才能获得一样,而且显然洞察力本身就不是一种定量的东西。所以如果真正要赚大钱,那么投资者除了要能做出正确的定性分析，就我的观点而言，可能更确定的利润仍来自于明确的定量决策"。

在这里，似乎看出早期巴菲特的纠结：一方面赚大钱主要是靠着对企业合理的定性分析；另一方面，他必须强调安全的决策，仍取决于明确的定量因素。不过，这种因素却在当时越来越难以发掘了。

在同一封信中，他不无遗憾地说："这种统计意义上的便宜货已经消失数年了……无论是哪种情况，都导致从定量分析意义上的便宜货几乎消失"。

20世纪60年代中后期，美国正经历着一波牛市，市场上弥漫着狂热的炒作气氛，钱似乎越来越好赚，各路股神相继涌现，股票的估值完全可以依靠编造的故事来支撑。约翰·布鲁克斯在《沸腾的岁月》里对这一时期的美国股市有精彩的描述。[1]

他在第一章《戏剧高潮》中说："在暴风骤雨的1967年和1968年，一切看上去都在瓦解——全美经济危机愈演愈烈，甚至到了美元在巴黎不能兑换的地步。马丁·路德·金和罗伯特·肯尼迪被刺，芝加哥民主党大会发生丑闻，学生骚乱逐步升温——愚蠢的股市却一路走高，毫无顾忌地上涨，似乎一切都好，或者一切肯定会变好。"

由此可见当时市场的疯狂。投资人都沉浸在大赚快钱的良好感觉中，很多年轻人也突然一夜暴富，吉尔伯特、GREEY·蔡等一批高手相继涌现。

设想在这种情况下，巴菲特一定承受了相当大的压力，但是纪律性让

---

[1] 我感觉那一时期的美国股市与现在的中国股市倒非常相似，或者说，中国股市正在经历20世纪60年代美国股市的发展阶段。因此，研究这段历史对于今天的我们颇有指导意义。

价值投资路线图
格雷厄姆智慧家族的制胜之道 >> >>>

他不可能放弃来自于格雷厄姆的投资体系。他说:"我不会抛弃之前自己所能明白其内在逻辑的投资方法,即便这意味着放弃一种看似容易获得大量利润的我自己不能理解的方法。这种方法并没有得到实践的足够的考验,并可能招致永久性的资金损失。"而恰恰得益于格雷厄姆的教诲,使他逃过了一劫。

1969年,他连续发出了四封给合伙人的信。信中说:"在过去的20年中,对于数量(定量)分析方法所能把握的机会之水已经逐渐干涸,到今天可以说是已经完全枯竭了。"正是在这一年,他关闭了合伙公司,不但躲过了1970年的股市崩溃,同时依托伯克希尔公司,开启了一条股权投资和实业经营并重的投资之道。在这条道路上,巴菲特更多的是充当着资金调配者的角色。

他在1971年度致股东的信中说:"我们有这样一个基本的信念:那就是在运营中保持一个稳健的、很强的财务优势,让我们随时可以毫无疑问地承担我们的责任。因此,我们将继续在母公司层面以及子公司层面最大化我们在财力上的优势。"

在下一年的信中,他继续说"如果我们当初没有将纺织业务的资源投到保险业务和银行业,我们1972年的经营利润将只有现在的几分之一……我们会寻找一些新的业务机会,来继续有效配置我们的资本"。他那时已经意识到,如果仍然教条式地遵从定量分析的原则选股,将面临无股可选的尴尬境地。而在合理配置资本的角度,定量分析虽然仍然是基础,但是已经不是最重要的了,就好像要炒出一道大菜,最基本是要有好的油和食材,但菜的美味与否,则取决于厨艺。

在解散合伙公司后历年度致股东的信中,他再也没有提起过定量分析与定性分析。因为定量分析已是最基本的配置,不需要过多强调,而资产配置的成功与否,却取决于定性分析的高下。

他在1975年度致股东的信中明确提出了选股标准:"公司拥有良好的经济特征,有诚实和有能力的管理层以及一个有吸引力的价格。当这样的目标满足之后,我们的目的是要持有很长的时间。"这些标准大多体现出对定性因素的良好把握(当然,有吸引力的价格中就必须要考虑定量因素,但已无须多言)。

在之后历年的致股东信中,巴菲特几乎讲的全都是定性因素,比如管理层能力、商誉的评估、商业模式的判断、未来现金流量的估算等等。在对喜诗糖果、盖可保险、通用再保险等重大投资中,全部包含大量商誉溢价,这些全都要靠良好的定性分析能力。

在1983年度的信中,巴菲特如实道出自己的进化之路,"我们所拥有的几家企业具有庞大的经济商誉(事实上是包含在内含价值之内的),且远大于记载在账上的商誉……我现在的想法与35年前课堂所教要重视实质的资产并规避那些主要依靠经济商誉的公司的做法已有明显的转变。当初的偏见虽然使我投入较少,但也造成许多投资上的疏忽。凯恩斯发现问题所在:困难的地方不在于要有新观念,而是如何摆脱旧的窠臼"。

这里需要特别提醒的是,巴菲特投资生涯的第一阶段仍类似于普通投资者,虽然他有三种投资类型,但重心仍然在股票投资上。

"第一部分主要由价值被低估的证券组成。这是我们投资组合中最大的一部分"[1]。这一阶段的投资方法与实践,便于普通投资者学习模仿,也

---

[1] 1961年度巴菲特致股东的信。

价值投资路线图
格雷厄姆智慧家族的制胜之道 » »» »»»

可以在投资实践中加以应用。

但是进入第二阶段，巴菲特已经慢慢升华了格雷厄姆的投资理念，他已经不再是一个普通证券投资者，而开始向资本配置大师转化。

他以极低的价格买入大大超值的伯克希尔，接着把其资本转而配置保险公司和银行资产，大量利用保险公司的浮存金（甚至是零成本的资金）进行更大规模资本布局，最后建立起庞大的伯克希尔投资帝国。这一阶段的方法，普通投资者是很难学习和把握的，很多人面对浩如烟海般研究巴菲特的书籍，茫茫然不知所以，就是这个原因。

读死书、死读书，都无法找到可用的思想武器。我们要清楚地认识到股神是如何炼成的，这样才能正确地理解和学习其投资之道。就像对于定量与定性分析的态度，作为普通投资者，先要从基本功练起，打下扎实的定量分析功底后，再磨炼自己定性分析的敏锐嗅觉。否则，人云亦云，看到巴菲特说"困难的地方不在于要有新观念，而是如何摆脱旧的窠臼"，就跟着别人屁股后面，贬低格雷厄姆偏重定量因素的投资体系，只会使自己思想更混乱。更可怕的是，只要看到身边又有人开始挣快钱，就会立刻倒向"新时代"的投机阵营之中，滑向格老所说的"金融世界的梦幻泡影与无底深渊"。

因此，作为普通投资者，我的观点是，仍应谨守格老对定量与定性分析做出的要求，只有达到一定段位后，再进一步向股神学习。

第三章
>> 笑傲江湖的巨擘：巴菲特的守正与出奇

▶ 放弃对前景不好企业的收购，只买入优质企业

前文曾提到，格雷厄姆主张以合理价格（不高于私人企业相应股权的出价）购买极具前景的企业，以极低的价格购买一般前景的企业（但必须具有良好的财务记录）。巴菲特早期投资过程集中于后者，这就是他自嘲的"烟屁股"投资法。

在第二阶段，他开始慢慢向前者偏移，直到深入总结投资伯克希尔的教训后，他彻底放弃了对于后者的投资，把精力全部放在对于优质企业的挖掘和投入上。

伯克希尔公司原本是一家纺织企业。从1962年11月起，巴菲特通过合伙公司开始买入伯克希尔·哈撒维的股份。[1]

买入伯克希尔遵循了格老的投资方法，如果从偏重定量分析的角度看，伯克希尔正是一个非常好的投资标的，价格大大低于价值，尤其是最初买入时的价格。即便按最后的成交均价14.86美元计算，离其营运资金净额19美元也还有相当大的折让，也就是说，有比较大的安全边际。这样的投资，正符合确保本金安全，并能够获得满意回报的要求。

然而，当1969年巴菲特结束他的合伙公司后，他把2500万美元全部

---

[1] 他在1965年度致合伙人的信中说："最初的购买价是每股7.6美元。该价格部分反映了由于纺织行业不景气对该公司造成的巨大损失，以至于其不得不关闭部分厂房。相对于我们7.6美元的初始价格，最终的购买均价为每股14.86美元，这主要是由于我们在1965年大量买入造成的。在1965年12月31日，该公司的营运资金净额为每股19美元。"

价值投资路线图
格雷厄姆智慧家族的制胜之道 >>> >>>

投资到伯克希尔·哈撒维公司时，这却是"一家他不甚熟悉且有些靠不住的公司"。[1]

在整个70年代，不断有人质疑巴菲特是否应该继续留在纺织产业，但他总是无法下决心从伯克希尔的原有业务中退出来。一方面，他无法把一些老弱工人辞退，他们缺乏另谋出路的能力；另一方面，纺织公司仍然还能创造出起码的利润，可以用这些稳定的资金投入到获利能力更强的保险事业和其他并购上。

但是，显然日后面临的困难越来越大。巴菲特不断感叹："各位管理阶层所一再不幸学到的一课就是选择顺风而非逆风产业环境的重要性。"[2] "纺织业的现状充分地说明了教科书中提到的，当资本密集但产品无重大差异化的生产者注定将赚取微薄的报酬……我们希望以后不要再介入这类产业面临困境的企业。"[3]

在之后的很多封信中，巴菲特反复检讨了买入伯克希尔公司的错误，甚至有些尖酸刻薄地比喻说"这种情况有如萨谬尔逊那匹马，一只能数到十的马是只了不起的马，却不是了不起的数学家。同样，一家能够合理运用资金的纺织公司是一家了不起的纺织公司，但却不是什么了不起的企业……当你遇到一艘总是漏水的船，与其不断白费力气去补破洞，还不如把精力放在如何换条好船之上"。[4]

最后，他得出痛定思痛的结论："所谓有'转机'的公司，最后少有

---

[1] 安迪·基尔帕特里克：《投资圣经》，机械工业出版社，2007，第128页。
[2] 1977年度巴菲特致股东的信。
[3] 1978年度巴菲特致股东的信。
[4] 1985年度巴菲特致股东的信。

成功的案例。所以与其把时间与精力花在购买廉价的烂公司上，还不如以合理的价格投资一些体质好的企业。"[1]

在1987年度的信中，他明确提出："我们的目标是以合理的价格买到绩优的企业，而不是以便宜的价格买进平庸的公司。查理跟我发现买到货真价实（的公司）才是我们真正应该做的。"

正如有人批评巴菲特和芒格的话：你们这两个家伙疯啦——有些东西值得你们花钱买的呀，比如说优质的企业和优质的人。你们低估了优质的价值啦。

真是旁观者清，一语点醒梦中人。芒格说："我们听进了他的批评，改变了我们的想法。这对每个人来说都是很好的教训：要有能力接受批评，从批评中吸取教训。"[2]

至此，他们终于完成了对于格老投资体系的一个重要扬弃。对于那些一般前景的公司，价格再低也不值得去花费时间和精力，而应该把所有精力花在用合理的价格购买极具前景的公司上。尽管他们的价格可能不便宜，甚至还有一定程度的溢价，但这正是给优质的溢价。

那么，在巴菲特眼中，这种极具前景的好公司有哪些标准呢？

事实上，巴菲特历年度致股东的信就是活脱脱一本优秀企业（主要是美国企业）图谱。这些企业包含了各种门类，可说是五花八门，有巴菲特最为得意的各种保险公司，有银行，有连锁零售店，有快消公司（巴菲特称为嘴巴上的投资），还有卖建材的，卖地毯的，训练飞行员的，卖珠宝的，

---

[1] 1979年度巴菲特致股东的信。
[2] 查理·芒格：《穷查理宝典》，上海人民出版社，2010，第127页。

还有传媒行业，证券公司，一直到后期的能源公司、新能源公司等等。看似杂乱，实际简单，这些公司都有着优秀企业的品质。

巴菲特在1982年度的致股东信中第一次打出"寻企"广告，提出希望并购公司的标准：巨额交易（每年税后盈余至少有500万美元），持续稳定获利（对有远景或有转机的公司没兴趣），高股东报酬率（并甚少举债），具备管理阶层（我们无法提供），简单的企业（若牵涉到太多高科技，弄不懂），合理的价格。

除了第一项和第六项涉及交易问题外，其他方面都是对企业品质的要求。简单说，就是管理团队超强、企业模式清晰、赚钱能力一流。

1. 管理团队超强

巴菲特不断在致股东信中提到他引以为豪的超级明星团队，他认为团队中的很多人都应该进入美国企业家名人堂。

这些优秀职业经理人具有的共同特质是：(1) 诚信正直善良，(2) 以所有者的角度思考企业问题，(3) 极其严苛的成本意识。如果大家读过马克思·韦伯的《新教伦理与资本主义精神》，就可以理解，这是一群有着近乎宗教信仰般道德洁癖的企业家。其实这也是巴菲特和芒格所具有的优秀品质，他们以自己的标准寻找合作伙伴，而这些人也的确"心有戚戚焉"，一旦遇到，双方便心有灵犀，很快走到一起。

以诚信为例。前文提到巴菲特曾要求他的管理团队要像箭一样笔直，他正是这样做的。他选择的绝大多数管理者，都具有至为诚信的品质。

巴菲特在选择管理者时，通常时间非常短，可以说是"望气而断"，很多人都属于一见面就相见恨晚的类型。大家仅通过一两次谈话就一拍即

第三章
>> 笑傲江湖的巨擘：巴菲特的守正与出奇

> **小贴士**
>
> 马克思·韦伯：（1864—1920）德国著名社会学家、政治学家、经济学家、哲学家，是现代一位极具生命力和影响力的思想家，是公认的现代社会学和公共行政学最重要的创始人之一，被后世称为"组织理论之父"。在其代表作《新教伦理与资本主义精神》中，韦伯提出了一个知名的论点，那就是新教徒的生活伦理思想影响了资本主义的发展。

合，马上敲定一笔大生意。甚至有些人素未谋面，仅通过一次电话，巴菲特就说，电话中就可以知道这正是他要找的人。

在多次大型并购中，巴菲特根本没有去审计对方提供的财务报表，更没有去逐一盘点对方的资产。有很多企业，他和芒格甚至根本就没有去过。

"说来你可能不敢相信，事实上我与查理甚至根本就从未去过费区海默位于辛辛那提的企业总部。所以说，如果伯克希尔的成功是建立在不断视察工厂的话，那么我们可能早就要面临一大堆问题了"，他所凭借的就是对对方诚信正直人品的判断，同时"试着去评估该公司的竞争能力，其优势与缺点，以及经营阶层的能力与水准"。[1]

在收购企业后，巴菲特采取的管理方式也不是监控式的，而是充分信任和授权，这样就要求所有管理者都具有超强的自律能力。

---

[1] 1986年度巴菲特致股东的信。

价值投资路线图
格雷厄姆智慧家族的制胜之道 » »» »»»

在一些信中,巴菲特也坦陈这样做可能有一些潜在风险,一些隐藏的问题并不能被很快发现。但他相信这些合作伙伴的能力,他把这比喻为不需要教优秀的棒球手去投球。

他清楚地知道信任的可贵,"在伯克希尔,管理者们可以很好地致力于所从事的事业。他们不会因为总部会议或是财政烦恼而感到局促不安,他们只会每两年收到我的一封去信,并且在想跟我联系时打电话。同时,他们的希望也不尽相同:有一些管理者可能去年一年都没有跟我交流,而也有些人几乎每天都和我交谈。我们的信任在人而非流程,一个'雇得好、管理少'的信条适用于他们,也适用于我自己"。[1]

结果证明巴菲特和芒格对人的判断绝大多数是准确的,这些伙伴们也确实对得起他们的信任。在这些明星经理人为股东做出巨大贡献后,巴菲特从不吝惜赞美之词。在几乎每一封致股东的信中,他都会一一点评所属企业,并对优秀的企业家报以热烈的掌声。他还一再提醒股东们,在参加股东大会时,可能会碰到哪一位经理人,请记着向他鞠躬表示感谢。

在2006年度致股东的信中,他改进了对优秀经理人的赞扬方式。他号召大家,如果生了儿子或有了孙子,务必取名叫"Tony"(盖可保险CEO)。不过,他说公司的另一董事在看了盖可保险当年的表现后,写信给他说,不要再提新生儿的事了,告诉股东马上就把他们现在孩子的名字改成"Tony",而信的落款就是"Tony"。这样创新的表扬方式是不是很受用?

巴菲特信中多次提到NFM家具店的B太太家族。B太太白手起家,靠自己的打拼,把一家家具店做到相当大的连锁规模,而B太太本人直到

---

[1] 2011年度巴菲特致股东的信。

103岁才退休,而在这之前,她每天都要到店里去上班,这简直就是一个企业家的世界纪录。

巴菲特总结B太太家庭时说:"人们常常问我,B太太到底有什么经营诀窍?其实说穿了也不是什么深奥的道理,他们整个家族拥有如下特质:对事业怀抱的热情与冲劲,脚踏实地去落实并果断决定要做的事,不受外在对于公司竞争力没有帮助的诱惑,对待所有人皆能保持高尚的人格。"

而和B太太的交易过程简单得让人难以置信:"我们对于B太太家族的信任可以从以下交易过程看出,NFM从未找会计师查核,我们也从未对存货进行盘点或核对应收账款或固定资产。我们便交给她一张5000万美元的支票,而她给我们的是一句口头承诺。"[1]

是不是有一种触及灵魂的感动?何等高尚的品格,何等高贵的诚信!曾几何时,中国也有一诺千金的商业道德和伦理,比如晋商就曾是诚信经营的典范,讲究"以义制利,义在利先"的经商法则。但是到今天,似乎听到的更多的是商业欺诈和各种类型的跑路、老赖。

市场经济原则上是信用经济,再严密的法条和严苛的惩戒,也无法阻挡人心的堕落。作为普通投资者,为自己的财富计,也为一点一滴恢复社会的诚信风气计,请向巴菲特学习,为诚信正直的企业投票,远离无良商人。

除了人品正直,这些职业经理人同巴菲特一样,也有非常强的所有者思维。巴菲特并购的企业,大部分都是家族企业起步,所以他们的经营者都有很强的经营管理能力,也有创业能力和创新思维。

---

[1] 1984年度巴菲特致股东的信。

价值投资路线图
格雷厄姆智慧家族的制胜之道 > >> >>>

他们原来是企业的所有者,现在并没有因为被收购,就忘记了为股东创造价值。他们仍然是以老板的思维在考虑企业的发展,这一点是巴菲特非常看重的。在几乎每一封信中,巴菲特都会强调他和芒格与伯克希尔的股东利益完全一致,他们都是以所有者的思维考虑公司的每一个发展细节。

就像他们一样,这些职业经理人早已不需要为了金钱而工作,他们都是为了快乐和创造价值而存在。"查理跟我平时主要有两项工作:一是吸引并维系优秀的经理人来经营我们的事业,这项工作并不太难。通常在我们买下一家企业时,其本来的经理人便早已在各种产业展现他们的长才,我们只要确定没有妨碍他们即可……其实,我们一些经理人自己本身已经相当富有,但这一点都不影响他们继续为公司效力。他们之所以工作,是因为乐在其中并散发出干劲。毫无疑问他们皆站在老板的角度看事情。"[1]

如上文所说,在具体管理中,巴菲特虽然掌控了企业的所有权,但是他却用最简单的"无为而治"的方式让企业家们放手做事。他知道,喜欢做实事的企业家都和他一样,痛恨"繁文缛节和没有生产力的活动"。

他不会让他们频繁开漫长的工作会议,不会搞各种学习活动,也不会让他们呈递各式各样的文件材料,他要保证的是让"经理人可以全心全意安排个人的行程"。

与此同时,他也对经理人提出了相当简单明确的任务指标:"一、像自己拥有公司一样的心态来经营;二、把它当作是你和你的家人在全世界仅有

---

[1] 1986年度巴菲特致股东的信。

的资产来看待；三、在有生之年，你没办法将它卖掉或是让别人并走"。[1]

试想，对于一帮有着超强管理能力的职业经理人，衣食无忧，又没有乱七八糟的事情烦扰，再以这样的心态来做企业，还有什么样的企业做不好？

正是有了这样的所有者心态，他们也拥有了一个共同的特点——近乎刻薄的成本控制意识。

巴菲特就是一个"抠门"大师。他曾经多次不无得意地表示，尽管伯克希尔集团所管理的资产规模庞大，子公司数量众多，员工数剧增，但是总部的人员却长期以个位数计，管理费用也少得可怜。

在1978年度的信中，他指出一个在企业管理中经常可以看到的现象，有的企业成本已经很低了，但是仍然可以更低，而有些企业却总是叫嚷着管理费用远远不够。

他说："依我们的经验显示，一家费用成本高的公司经营者，永远找得到增加公司开支的借口；而相对的，一家费用成本低的经营者，永远找得到为公司节省开支的方法，即使后者的成本早已远低于前者。"

而在2002年度的信中，为了突显伯克希尔的成本意识，他讲了一个非常有意思的小故事。他声称伯克希尔要效仿的是一位准备刊登老公讣闻的寡妇。当得知报纸上每登一个字需要二毛五时，她就要求只写"Fred死了"。但是报社又要求每条不少于七个字，于是这个充满了悲伤的寡妇将讣闻改成"Fred死了，售高球证"。如此让人忍俊不禁的笑话，让巴菲特极度"抠门"的形象跃然纸上。

---

[1] 1998年度巴菲特致股东的信。

价值投资路线图
格雷厄姆智慧家族的制胜之道 > >> >>>

但是还有比他更厉害的,那人正是他的战友芒格。在巴菲特认为已经把人员精简到极致时,芒格仍然认为总部的机构臃肿,还可以进一步缩减。芒格曾经多次批评巴菲特购买私人飞机,尽管这大大提高了工作效率。芒格自己出行则习惯坐公交车,坐飞机也坐普通舱。他只在和太太一起出外旅游时,才坐私人飞机。

在这两个成本控制大师带领下,伯克希尔成为一个"抠门者集中营",每个经理人都有超强的成本控制意识,这又为他们带来更强的市场竞争力。在2006年的信中,巴菲特讲了在一次收购中,对方的老板Jack迟到了。他解释说是在寻找那种上辆车刚离开,而咪表(即电子计时表,可分为电子泊车咪表和凭票泊车咪表)还余有时间的车位。巴菲特喜不自胜地说:"对我而言这是美妙的时光,那时我就明白他是我喜欢的那种类型的经理人。"

可能我们很难理解,怎么会有这样的人?他们衣食无忧,他们富可敌国,但他们又是那样的节俭,可是最后他们又是那样的"挥金如土"——把一生勤劳所得捐赠给慈善机构。

控制成本最成功的当属盖可保险。这家让巴菲特赞不绝口的企业,起家时就靠着优异的成本控制能力,使它的保险产品价格大大低于其他同类公司。

它的掌门人,从第一代令巴菲特一生感激的Davidson[1],到后来使盖可保险起死回生的托尼(Tony),都首先强调的是如何减少中间环节,有效降低企业的运营销售成本。

---

[1] Davidson的故事也是一个传奇,如有兴趣可以阅读1995年度巴菲特致股东的信。

第三章
>>> 笑傲江湖的巨擘：巴菲特的守正与出奇

巴菲特的评价是："如果盖可是一座价值不菲、众所仰望的商业城堡，那么其与同业间的成本与费用差异就是它的护城河。"[1]

而最早发现它这一优势的正是巴菲特的恩师格雷厄姆，他是盖可保险早期的董事之一。在 1995 年，伯克希尔全资买下盖可保险公司，在这一年度的信中，巴菲特详细讲解了对盖可的投资历程。在 2004 年度的信中，他再次用很长篇幅描述了盖可保险的生意之道。这些经典的生意和投资之道，无论对于投资者和企业经营者，都会有非常大的启发，建议认真研读。

这是一群让巴菲特欣赏及信赖的职业经理人，他称之为"在各自产业卓然有成的大师"，[2] 他们正直诚信，热爱工作，充满激情，努力为股东创造最大的价值，同时满怀着对于时代和社会的感恩，"现年已经 66 岁的托尼每天跳着踢踏舞来上班，正如我在 79 岁所做的一样。我们都为从事自己热爱的事业而感到幸运"。[3]

事在人为。没有好的职业经理人，不可能产生伟大的企业。尽管在中国的上市公司中，这样优秀的企业家可谓凤毛麟角，但仍然是可以找到的。比如**格力电器**的董明珠，也许她过于"霸道"，甚至可能还有些"刚愎"，但从以上三个标准来审视，格力从一个名不见经传的小厂发展成为今天的世界五百强企业，董明珠功不可没。她为人正直诚信，有强烈的企业所有者意识，同时她的"抠门"也是出了名。

我们在投资中，正是要按照这样的标准，努力找到值得托付的企业家群体。

---

[1] 1986 年度巴菲特致股东的信。
[2] 1999 年度巴菲特致股东的信。
[3] 2009 年度巴菲特致股东的信。

2. 企业模式简单清晰

企业模式清晰的标准，在巴菲特看来，就是简单的企业，并且可以持续稳定获利。

第一章我们讲过，要投资专注的企业。我们也借用亚当·斯密的经济学视角，解析了为什么专注的企业成功概率会更大些。

巴菲特所强调的简单企业，首先要求的就是主业清楚，同时长期专注于主业。模式越清晰的企业一定也更专注，越专注的企业模式也更清晰。具备了这些前提条件的企业才有可能持续稳定获利，我们也才可以从他过去的发展历史中比较准确地测算出未来价值。

但是只有专注是不够的，这充其量是优秀企业保持长期竞争优势的一个必要条件。要想判断清楚一家企业是否简单清晰，有很强的主观因素，因为每个人有不同的知识结构、生活背景、分析能力等，也就是我们通常说的能力圈。

巴菲特声称自己之所以不投互联网公司，并不是不看好这些企业，而是因为确实不懂，他实在不知道如何为这样的企业测算未来的价值。"即使我们不得不承认它们所提供的产品和服务将会改变整个社会，问题是就算我们想破头，也没有能力分辨出在众多高科技公司中，到底是哪一些公司拥有长远的竞争优势。"[1]

但是，我们也看到很多熟悉互联网企业的投资者，可以准确把握优秀网络企业的成长机会，比如软银的孙正义，主要投资于互联网与新兴产业，他对阿里巴巴的投资就堪称得意之作。还有后文会提到的中国投资家段永

---

[1] 1999年度巴菲特致股东的信。

平，就长于网络企业投资。

巴菲特也很少投医药企业。因为药企的研发投入费用往往都是天文数字。一个新药的研发，成功后可能带来长达数年的巨额利润，但是失败的风险也同样巨大。关键问题是，在巴菲特和芒格的知识结构中，都没有任何医药类知识储备，所以我们看到美国有那么多优秀的医药巨头，但是巴菲特从来没有投资过。

我们切不可死搬教条，认为股神不买互联网企业，不买医药企业，我们也不要去买。其实这正违背了大师的教导。他告诉我们的是，要在自己的能力圈范围内挑选出自己看得懂的简单企业。[1]

所以说，判定一家企业是否简单清晰，当然有一些客观依据，但更重要的是，要在自己能力圈范围之内，在自己看得懂的行业和企业中去选择。

不过，我看到的身边大多数朋友却好像总有一种偏好，对自己所从事的行业，所熟悉的企业，往往嗤之以鼻。对根本不了解的企业，却由于接到了某位朋友神秘的电话推荐，就趋之若鹜。

林奇也曾指出过这种"这山望着那山高""外来和尚好念经"的普遍现象。他也深刻反省自己作为一个从业人员，在大牛市中，居然错失了优秀的基金公司股票。最后，他给出的明确建议是："只专注于了解自己能力所及范围内的几家上市公司，把买入卖出限制在这几只股票以内，是一

---

[1] "我们试着坚守在我们自认为了解的产业之上，这表示他们本身通常相当简单且稳定。如果企业很复杂而产业环境也一直在变，我们实在是没有足够的聪明才智去预测其未来的现金流量。碰巧的是，这个缺点一点也不会让我们感到困扰。就投资而言，人们应该注意的是，不是到底知道多少，而是应该注意自己到底有多少是不知道的。投资人不需要花太多的时间去做对的事，只要他能够尽量避免犯重大的错误。"（见1992年度巴菲特致股东的信）

价值投资路线图
格雷厄姆智慧家族的制胜之道 > >> >>>

种相当不错的投资策略。"[1]

这的确是一个非常奇特的现象。人的本性是趋利避害的，往往想尽办法寻找那种能够简单快速获利的办法。但是，也许正因如此，他们迷失了自己的能力"边界"（参见第一章芒格的论述）。巴菲特也说，"在人性中，似乎有某种化简为繁的倾向"。[2]

实在搞不懂为什么一个医药行业的资深从业人员，偏偏对医药类股票看都不想看一眼，却去大量买入自己完全不了解的互联网企业，或者去买入一个专门为航天飞机生产某个高精尖部件的企业。也许他们觉得只有这样做，才能体现出投资的高水平和超高的计算能力。

这里，还是请大家记住巴菲特的告诫："投资人必须谨记，你的投资成绩并非像奥运跳水比赛的方式评分。难度高低并不重要，你正确地投资一家简单易懂而竞争力持续的公司所得到的回报，与你辛苦地分析一家变量不断、复杂难懂的公司可以说是不相上下。"[3]

简单清晰的优秀企业标准：主观上必须在自己能力圈范围内寻找，是自己眼中看得懂的企业；客观上专注于主业，一句话就能讲清楚是做什么的，同时有持续稳定获利的历史，以此可以推断其竞争力能不能持续下去。

3. 赚钱能力一流

竞争力持续的具体表现是持续的"高股东报酬率"。这一点非常关键，也是一个优秀企业主业简单清晰、管理层优异的必然结果。这又会涉及对

---

[1] 彼得·林奇：《战胜华尔街》，机械工业出版社，2009，第134页。
[2] 格雷厄姆：《聪明的投资者》，人民邮电出版社，2011，第371页。
[3] 1994年度巴菲特致股东的信。

企业的具体估值办法。

根据实际的发展，巴菲特对格雷厄姆企业估值法进行了进一步的提升和聚焦，在综合运用各种估值办法的情况下，重点提出并运用了现金流折现方法。

一个企业是否值得投资，是否能归入优秀甚至伟大的行列，归根到底现金为王。"今天任何股票、债券或是企业的价值，都将取决于其未来年度剩余年限的现金注入与流出，以一个适当的利率加以折现后所得的期望值"，[1] 由于这一点非常重要，以下将专节进行论述。

聚焦估值方法：现金，现金，还是现金

塞思·卡拉曼在其《安全边际》一书中对企业估值方法作了总结。在该书第八章《企业评估艺术》中，他说："虽然存在许多用于企业价值评估的方法，但我发现只有三种方法是有用的。第一种是对连续经营价值的分析，也就是净现值法（NPV）。净现值法就是计算一家企业可能产生的未来现金流的贴现值。一种使用普遍，但在评估持续经营企业的价值时存在缺陷的快捷方法，就是私有市场价值法（PMV），这种方法是评估老练的商人可能愿意以怎样的价格购买一家企业。实际上投资者可以根据企业

---

[1] 1992年度巴菲特致股东的信。

价值投资路线图
格雷厄姆智慧家族的制胜之道 > >> >>>

之前达成的交易价格来评估企业的价值。第二种是分析一家将要结束并出售资产的企业的清算价值。作为清算价值分析法衍生出来的拆卖价值法，考虑的是企业中每项资产的最高估价，不管这家企业仍在经营还是即将结束。第三种是股市价值法，这种方法通过预测一家企业或者子公司在分拆之后，会在股市上以怎样的价格进行交易来评估企业价值。这种方法的可靠性不及前两种方法，它只会偶尔成为有用的价值准绳。"[1]

其实简单点说，这三种方法就是股票的三种价值表现形式：内在价值、账面价值和市场价值。

市场价值是最简单的，一眼就可以看到，市场上现在值多少钱就是多少市值。这种方法可以用于一些横向比较中，比如**伊利股份**与**蒙牛乳业**，一家是乳企龙头，在A股上市；一家是乳业老二，在香港上市。两家市值一比较，如果伊利的市值小于蒙牛，那要么是伊利在A股被低估，要么就是蒙牛在香港被高估，否则伊利怎么对得起老大的位置？

2014年12月底，**中国北车**与**中国南车**合并方案公布，拟更名为**中国中车**，在股市上掀起一波并购狂潮。

有些"股评家"给出的评论是："它是全国人民的一场盛事，更是中车迷的一场喜事，它是央企资产重组的楷模，它是强强联手的成功典范，它是中字头的带头大哥，它是601军团的元帅，它是一带一路的先锋，它是高端装备出海的龙头，它是国家的名片，它是这届政府的金字招牌。"

有人据此计算出，中车股价应该冲上百元。实际上，2015年6月8日，**中国中车**在上交所和香港联交所复牌上市，同步登陆A+H股后，A股当天

---

[1] 卡拉曼：《安全边际》，第134页。

第三章
>>> 笑傲江湖的巨擘：巴菲特的守正与出奇

一字涨停，市值达8841.56亿元（约合1425亿美元），H股涨4.53%，市值为4278.88亿港元（约合552亿美元）。中车A+H股市值达1977亿美元，超过波音加空客的市值总和。这无论从哪方面看都是荒唐的。最后的结果是，中国中车飞流直下，市值折损大半。如果投资者用市值横向比较法，就可以给自己发烧的脑袋浇上一点冷水。

卡拉曼提到的清算价值，其基础是账面价值。格雷厄姆对账面价值的定义是：通常仅限于有形资产的价值，也就是不计入商誉、商标权、专利权、特许经营权、租赁权等无形资产的价值。账面价值被称为"资产价值"，有时为了说明该价值不包括无形资产，也被称为"有形资产价值"。针对普通股，其通常被称为"所有者权益"。[1]

在账面价值的标准上，格雷厄姆提出了两个更高的评估标准——股票的流动资产价值与现金资产价值。流动资产价值是指流动资产减去所有负债和优先级高于该证券的权益。这样就把无形资产和固定资产及其他杂项资产全部从资产中分离出去，显然价值更高。现金资产价值等于现金资产减去所有负债和优先级高于该证券的权益。现金资产除了账上的现金外，还包括那些直接等同于现金或可随时变现的资产。[2]

格雷厄姆对于流动资产价值最为看重，《证券分析》第43章专门讲了流动资产价值的重要性。在他看来，"流动资产价值大致等于清算价值"。所谓清算价值，就是"企业的所有者放弃所有权能得到的补偿"。[3]简单点说，一个企业经营不下去了，准备关门大吉，但是股东们怎么分家产呢？桌椅

---

[1]格雷厄姆：《证券分析》，中国人民大学出版社，2013，第653页。
[2]格雷厄姆：《证券分析》，中国人民大学出版社，2013，第658页。
[3]格雷厄姆：《证券分析》，中国人民大学出版社，2013，第664页。

价值投资路线图
格雷厄姆智慧家族的制胜之道 » »» »»»

板凳、破旧的机器,这些固定资产包含在账面价值里,但根本已经不值几个钱了,价值不大。最有价值的当然是真金白银(现金资产价值),但是只算这个也有点太苛刻了吧。毕竟一些可交易证券、应收账款和库存虽然不能马上换成现金,但流动性还算不错。把现金(类现金)和这些加在一起,就是流动资产价值(清算价值),可以拿来分配了。

清算价值比股票价值要稍微复杂一点,但是只要粗通会计学,通过计算就可以得到一个相对准确的数据。前文讲到,在格雷厄姆的时代,对于无形资产价值过于轻视了,这一块是首先被排除在外的,根本进不了账面价值。而格雷厄姆为了安全考虑,把账面价值中的固定资产也排除在外,提出清算价值概念。试想,如果一只股票正在以低于其清算价值的价格交易,那即便这家公司立即破产,我们仍然能够拿回更多的钱,这当然是绝对安全的。

可能大家要说,天下哪有这样的好事?确实这种情况早已销声匿迹了,但是在格雷厄姆的时代,却比比皆是。巴菲特正是按照这种方法买入了伯克希尔公司。

但是上文已经讲过,伯克希尔是一个好的买卖,但却不是一个好的生意。如果巴菲特买入伯克希尔公司后,很快让其破产清算,那一定可以赚不少钱。但是巴菲特在1969年关闭合伙公司后,已经不再满足于短期的股票炒卖行为。他希望能长期拥有优秀的企业,与企业共同成长。"时间虽然是好公司的朋友,但却是烂公司最大的敌人"[1],要想找到绝对优秀的企业,就要对企业内在价值有更高的要求,巴菲特把对企业的估值方法聚焦到了净现值法。

---

[1] 1989年度巴菲特致股东的信。

第三章
笑傲江湖的巨擘：巴菲特的守正与出奇

巴菲特通过对伯克希尔的投资，理解到创造价值比维持价值更为重要，而这个价值主要体现在现金。或者换句话说，一个企业是否值得拥有，有多大的价值，主要在于他创造现金的能力。

在1980年度的信中，他首次明确提出了现金的重要性："对于购并的对象，我们偏爱那些会产生现金而非消化现金的公司。由于高通胀的影响，越来越多的公司发现它们必须将所赚得的每一块钱再投入，才能维持其原来的运营规模。就算这些公司账面数字再好看，除非看到实实在在的现金，我们对之仍保持高度警戒。"

账面资产再好看，如果不能利用这些资产创造出实实在在的现金，那也只是徒有其表罢了。伯克希尔正是这样一家企业。买入时机很不错，不要说账面价值了，就是清算价值都很大。用很低的价格买下这样的资产当然很划算。但是一旦买入后，却发现纺织业正处于困境之中，为了维持企业原有的规模，必须投入更多的资本，花费更多的心血，这就是巴菲特体会到的逆水行舟的感觉。他在1975年已注意到这个问题，虽然仍在加大纺织业务的规模，但是已经不在这个行业进行新的固定资产投资，也就是不会再投入新的机器设备，主要的原因就是"新的大规模的纺织行业设备投资所带来的回报是极低的"，把钱投到伯克希尔的纺织业务中，并不能带来实实在在的现金。

在1992年度的信中，他从现金的角度来解释什么叫做成长股。**对于价值投资来说，高股息率和低市盈率并不一定有价值，同样，较高的市盈率和较低的股息率也不一定就没有价值。**对企业是否有成长性也是一样的道理，如果企业规模扩张很快，但并不获利，那应该叫"悲惨的成长"。比如航空公司，投入巨大，规模扩张飞快，但利润微薄。

那什么叫有价值？什么叫成长股？一切取决于获取现金的能力。"成

价值投资路线图
格雷厄姆智慧家族的制胜之道 > >> >>>

长只有当企业将资金投入到可以增加更多报酬的活动上,投资人才有可能受惠。换句话说,只有当每投入一块钱可以在未来创造超过一块钱的价值时,成长才有意义。至于那些需要资金但却只能创造出低报酬的公司,成长对投资人来说反而是有害的。"

那么,如何判断现在投入的一块钱在未来能创造超过一块钱的价值呢?前文已经提到,巴菲特在1992年度致股东的信中,提到了约翰·伯尔·威廉斯的投资价值理论。他把它浓缩为一句话:"今天任何股票、债券或是企业的价值,都将取决于其未来年度剩余年限的现金流入与流出,以一个适当的利率加以折现后所得的期望值。"

这就是评估内在价值时最为复杂的净现值法——计算一家企业可能产生的未来现金流的贴现值。在之后的很多年度的信中,巴菲特都反复强调了这个概念的重要性。比如在1993年度的信中说:"**真正重要的是每股实质价值而非账面价值。账面价值是一个会计名词,用来衡量一家公司所投入的资本,也包含未分配的盈余在内。实质价值则是对于一家企业终其一生所能产生现金流量的估计折现值。**"

可以看到,对于巴菲特来说,投资已经不是简单地看一下股息率、利润率(市盈率)、资产报酬率(市净率),而将重点聚焦在现金的净流入上。

但是要估算一家企业未来的现金流量是非常困难的,经济环境的变化和企业的发展都太复杂了,要准确测算基本不可能,这涉及很复杂的定性分析;另外,折现率的选择也很麻烦。是以什么标准来测算?如果以利率为标准,那未来几年的利率变动是很难说清楚的。一家企业未来几年的收益增长率是15%还是20%?折现率按8%还是10%计算?会导致最后测算出的现金流入量大相径庭,甚至面目全非。

第三章
笑傲江湖的巨擘：巴菲特的守正与出奇

好在格雷厄姆已经说过，内在价值根本无法也不必精确测算，只要能有一个大致范围就够了，而测算内在价值时一定要采取最为保守和严苛的标准。但即使如此，格雷厄姆依然非常谨慎，因为投资与投机只是一步之遥。如果把投资建立在过于乐观的定性分析基础上，很可能滑向投机的阵营而不自知，最后使自己处于危险的境地，导致永久性的本金损失。

巴菲特是如何处理这些问题的呢？他首先谨遵格雷厄姆的教诲，依然坚持谨慎的原则，在能力圈范围之内，选取自己搞得懂的企业（简单并一直持续稳定获利），以定量分析的数据为基础，重点对其定性因素加以评估和测算，最后将内在价值与账面价值、市场价值放在一起比较，坚持选取内在价值大于账面价值或市场价值的企业。只有寻找到足够的安全边际后，才大胆买入并坚定持有。

具体的衡量标准，他在1993年度的信中做出明确阐述："我们认为，投资人应该真正评估的风险是他们从一项投资在其预计持有期间内所收到的税后收入加总（也包含出售股份所得），是否能够让他保有原来投资时拥有的购买力，再加以合理的利率。虽然这样无法做到像工程般的精确，但它至少可以做到足以做出有效判定的程度。在评估时主要因素有下列几点：1.这家公司长期竞争力可以衡量的程度；2.这家公司治理阶层发挥公司潜能，以及有效运用现金可以衡量的程度；3.这家公司治理阶层将企业获得的利益确实回报给股东而非中饱私囊可以衡量的程度；4.买进这家企业的价格；5.投资人的净购买力所得，须考虑税负与通货膨胀等因素必须从投资收益中扣除的部分。"

这些就是在做出一项投资决定前，在大致估算一家企业未来的现金流之前，所要谨守的研究标准。能符合这样标准的公司一定是极少的，但也

价值投资路线图
格雷厄姆智慧家族的制胜之道 » »»

是极好的。一旦捕捉到这样的机会，那就要毫不犹豫地把子弹打出去。

之后，在1994年和2000年度的信中，巴菲特分别用了两个形象的比喻来讲现金流的估算问题。第一个比喻是以大学教育为例。他说："为了了解历史投入的账面价值与未来产出的实质价值会有怎样不同的演变，让我们看看另外一种不同形式的投资——大学教育。假设把教育成本当作是账面价值，再算的仔细一点，还要包含学生因为读书而放弃工作收入的机会成本。

在这里，我们姑且先不论非经济的效益而只专注于经济效益，首先，我们必须先估计这位毕业生在毕业后终其一生的职场生涯所能得到的收入，然后再扣除要是他没有接受这项教育，原本可以得到的收入，从而我们可以得到因为这项投资，他可以获得的额外收入。当然，之后还要利用一个适当的利率加以折现，得到截至毕业日止的折现值。最后所得到的数字也就等于这场教育所能够带来的实质经济价值。

有些毕业生可能会发现，其账面成本可能远高于计算出来的实质价值，这就代表着不值得去接受这样的教育。相对地，要是接受教育所产生的实质价值远高于投入的成本，那么就表示这样的投资是明智的抉择。不过不管怎样，有一点很明确，那就是实质价值的多寡跟账面投入成本一点关系都没有。"第二个比喻则引用了伊索寓言。我们重点来看第二个比喻。

2000年度的信写于2001年2月28日，这正是网络股泡沫破灭的前夜，自然也是最疯狂的时刻。这一年，巴菲特承受了巨大的压力，有很多人跳出来公然挑战巴菲特，要和他一比高下。伯克希尔的一些股东看着身边一些人飞速增长的财富，也不禁发出了"红旗到底能够打多久"的疑问。

面对此种混乱局面，巴菲特和芒格根本没有任何动摇（有些书中说巴菲特在这一年陷入了深深的迷惘中,不知有何依据)。正因沧海横流,所以这一年的信也就格外精彩,格外重要,格外显出英雄本色。

正是在这一年的信中,巴菲特写下了本书引言中已引用过的那一段"灰姑娘"的精彩比喻。

也是在这一年的信中,巴菲特再次深情表达了对于格雷厄姆的感激和怀念:"约莫50年前,我在哥伦比亚大学修了格雷厄姆老师的课。在此之前的10年,我一直盲目地从事分析、买进、卖出股票的动作,但当时的成绩却是平平。从1951年起,我的投资绩效开始改善。并非我改变了饮食或运动习惯,唯一的改变是其间增加了格雷厄姆的观念。当时在大师面前沉浸几个小时的效果,远远大于我个人过去10年的独自摸索。"正是格雷厄姆给巴菲特以稳如磐石的信念。

也是在这一年的信中,巴菲特用形象地比喻为我们精彩解析了现金流的分析方法。

奇迹之一就是在伊索寓言里,那历久弥新但不太完整的投资观念,也就是'二鸟在林,不如一鸟在手'。要进一步诠释这项原则,你必须再回答三个问题:你如何确定树丛里有鸟儿?它们何时会出现,同时数量有多少?无风险的资金成本是多少?(这里我们假定以美国长期公债的利率为准)如果你能回答以上三个问题,那么,你将知道这个树丛最高的价值有多少,以及你可能拥有多少鸟儿。当然,小鸟只是比喻,真正实际的标的还是金钱。

伊索的投资寓言除了可以进一步扩大解释成资金,也一样可以适用在农业、油田、债券、股票、乐透彩券以及工厂等。就算是蒸汽引擎的发明,电力设备的引用或汽车的问世,一点都不会改变这样的定律。就连网际网

价值投资路线图
格雷厄姆智慧家族的制胜之道 >> >> >>>

络一样，只要能输入正确的数字，你就可以轻轻松松地选择出世上资金运用的最佳去处。

一般的准则，诸如股息报酬率、市盈率甚至是成长率，除非他们能够提供一家企业未来现金流入流出的任何线索，否则与价值评估没有一点关联。有时成长甚至对价值有损，如果这项投资计划早期的现金流出大于之后的现金流入的折现值。

有些市场的分析师与基金经理人信誓旦旦地将成长型与价值型列为两种截然不同的投资类型，可以说是无知。那绝不是真知灼见。成长只是一个要素之一，在评估价值时，可能是正面，也有可能是负面。

可惜的是，虽然伊索寓言的公式的第三个变量——也就是资金成本相当简单易懂，但要弄清楚另外两个变量却有相当的困难，想要明确算出这两个变量根本就不可能，求出两者可能的范围倒是可行的办法。

只不过范围过大通常会导致结论真伪两可，而且估计越保守，所得出的价格相较于价值越低，也就是树丛最终出现鸟儿的数量（我们姑且把这个现象称之为树丛无效率理论）。

可以确定的是，投资人除了必须对一家企业的经营有一定的了解外，并且要有能力独立思考以获得坚实的肯定结论。除此之外，投资人不需要其他什么大道理或歪理论。

另一个极端，在很多的时候，即使是最聪明的投资人都没有办法提出小鸟确实会出现的证据，即使是在最宽松的假设下仍是如此。这种不确定性在检验新事业或是快速变化的产业时尤其明显，在这种状况下，任何资金的投入都难脱投机的嫌疑。

如今，投机主义——即不管资产真实的价值，只看下一个人会用多少价格买进的观念——事实上，这不但不违法，也不算不道德，甚至不能说是非美国式，但也绝非我和查理愿意玩的游戏。既然我们两手空空参加派对，那么我们又如何期望能从派对中满载而归呢？

在这个比喻中，树丛是一家企业，而树丛中的鸟儿，则是隐含在企业中未来可能产生的现金。有没有鸟儿和鸟儿有多少，代表了企业的价值多寡。

以上比喻说明了三层意思：第一，巴菲特已经将内在价值评估完全聚焦在了折现后的现金流上。如果传统的股息率、市盈率、市净率等指标不能用来提供未来的现金流变化的线索，将与企业的价值评估无关；第二，除了对于股票或企业估值，对于现金流的评估应该扩大到几乎所有投资范围，甚至包括乐透彩。同时这个标准也不会因为一代一代层出不穷的新发明而发生改变，比如出现了互联网+，出现了工业4.0，出现了新兴加成长的各种故事。如果树丛里没有鸟儿会出现的确切证据，那不过就是一个击鼓传花的游戏罢了，这样的游戏奉劝各位不要参与；第三，资本的成本很明确，但是要判断企业（树丛）未来会不会产生现金（鸟儿），或者可以产生多少现金（鸟儿），却是非常困难的，想要明确算出个结果根本不可能，但是可以估算出一个大致的范围。而要想估算出这个范围，就需要对企业有深入的研究，同时要有独立思考的能力，可以得出坚实的结论。

通过这个形象的比喻，我们可以充分领会巴菲特现金估值的方法和原则，至于具体如何测算并不是很重要。如果没有对企业深入的定量与定性分析，就算假设一些数据，求出一个大致的价值范围，也可能是失之毫厘，谬以千里。

价值投资路线图
格雷厄姆智慧家族的制胜之道 ▸ ▸▸ ▸▸▸

几乎在所有写巴菲特的书中都会举出许多测算企业价值的例子，并用很多假设的数据来推算一下未来的现金流。如果大家感兴趣，可以去随便找几本来看看。但是，比较有意思的是，在巴菲特和芒格的所有著作中，从来没有教大家去如何具体地算出一家企业的价值。他只是说"如果大家觉得难以估计一项资产的未来赢利，那就忘了它、放弃它。没有人能估计所有的投资回报，无所不知也是不需要的：大家只需要理解自己的行为就可以了"。[1]

格雷厄姆在《证券分析》中开宗明义讲内在价值时，也从来没有给内在价值下一个明确的定义。罗杰·洛温斯坦在为《证券分析》第一部分所做的导读《必不可少的教诲》中说："无论在当时还是在现在，困难都在于如何计算价值。我怀疑，作者是故意不给内在价值定义的，他们唯恐传达了'证券价值可被精准确定'的错误印象。"[2] 老子说"大音希声，大象无形"，格雷厄姆和巴菲特重在传播正确的体系和原则，用教条式的公式去进行测算，恐非二老本意矣！

更有意思的是，巴菲特干脆把"未来现金流的贴现值"这个拗口而抽象的概念，转化成了"未来的购买力"，这样更能形象直接地表现出投资的价值。

我们现在投入一元钱买入一家企业的股份，随着企业价值的增长，在未来不管你卖出与否，你原有的一元钱的购买力是否能够收回，是否还能获得更多的购买力。这就决定了你的投资是否成功。

---

[1] 2012年度巴菲特致股东的信。
[2] 格雷厄姆：《证券分析》，中国人民大学出版社，2013，第63页。

比如我们现有一元钱，用它可以买一块面包，但由于通货膨胀的原因，10年后一元钱却只能买半块面包了。而我们现在把这一元钱投入一家优秀的企业，10年后，这家企业价值增长，你的一元钱甚至可以买到两块面包，这就代表你的投资成功了，而这家企业正是你要苦苦寻觅的"梦中情人"。

在巴老后期的很多信中，他都用购买力来代替"现金贴现"概念。在2011年度的信中，他说"投资经常被描述为这样一个过程：现在投入一些钱，期望未来收回更多的钱。在伯克希尔，我们采用更加严格的标准，把投资定义为：现在把购买力转让给别人，基于合理的预期。未来按照名义货币收益缴税之后，还能够收回更多的购买力。用更加简洁的话说：投资就是放弃现在的消费，是为了将来某个时候拥有消费更多的能力"。

回想一下本书第一章亚当·斯密的话吧，"拥有财富能直接地带给他的权力是购买的权力，即在当时的市场上对所有劳动或所有劳动产品的一种支配力"，这就是我们投资的实质，也是我们投资应该达到的目的。

至此，我们已经一起理清了巴菲特的投资思想。他的基本投资体系完全遵从格雷厄姆，但是在偏重定性分析、仅选择优质企业、极其重视现金回报三个方面，发展了格雷厄姆的系统。

孙子兵法说："以正合，以奇胜。"巴菲特正是这样做的。如果不遵从"家长"的教诲，将陷入危险的境地，但如果没有创造性的发挥，也不会成就笑傲江湖的一代投资传奇。

两个流行的谬误

最后，纠正两个流行的谬误。一个是很多自称巴菲特信徒的人，认为巴菲特的价值投资就是买入好的股票后永远持有。其实这是对价值投资的很大误解。

我们以上谈的几乎都是如何买入的问题，但是对于何时卖出，很让投资者纠结。按多数投资大师的看法，应该是用买入的理由来思考卖出。这也是格雷厄姆的原则，买入时有安全边际，当安全边际消失后，也就是价格回归到合理位置，就应该卖出。注重选择成长股的费雪喊出了"永不卖出"的口号，但前提条件是必须要选准这样的高成长股，它的成长足以覆盖股价的飞升，而要做出这样精准的判断又谈何容易。

巴菲特在历年的信中，也多次提到对买入的优质企业，根本不考虑卖出，同时，对自己的企业伯克希尔也从不考虑卖出。但是这也有前提，那就是股价没有高得离谱。事实上，价值投资者选中的股票，一般都不是那种"疯牛"，这些股票在牛市中走得很慢，在熊市中反倒表现更好些。就像伯克希尔公司一样，股价长期保持稳定上涨，而账面价值总是与市场价值（股价）差别不大，但隐含的内在价值却持续扩大。对于这样的稳定增长情况，当然没有任何卖出的理由。但是如果市场异常疯狂，手中的股票已经明显高估，巴菲特也不会死抱着股票不放，他也会卖出。

"当然，有时市场也会高估一家企业的价值，在这种情况下，我们会考虑把股份出售。另外，有时虽然公司股价合理或甚至略微低估，但若是我们发现有更被低估的投资标的，或是我们觉得比较熟悉了解的公司时，我们也会考虑出售股份","我们很愿意无限期持有一家公司的股份,只要这家公司所运用的资金可以产生令人满意的报酬,管理阶层优秀能干且正直,同时市场对于其股价没有过度的高估"。[1]

可见,在卖出的问题上,巴菲特也与格雷厄姆保持一致。2007年巴菲特卖出**中石油**就是典型的例子。[2]

在2003年度的信中,他公开表示对于手上的一些优质企业没有趁着高价及时出手的懊悔心情:"我们拥有的是一些优质的企业的部分所有权,虽然这些企业的实质价值都有长足的进步,可是同样的,其杰出的表现也反映在其股价上。当然从另一角度来推论,这也代表个人没有在泡沫化期间出脱这些持股是个重大的错误。换句话说,如果这些股票的价值现在都已充分反映的话,我想你一定会联想到四年前,当它们的实质价值更低,股价更高时,我在做什么?我也觉得很奇怪。"可见,巴菲特才不是很多中国的巴迷们以为的迂夫子呢。

第二个流行谬误是,很多人认为芒格对巴菲特有巨大的启迪作用。芒格作为巴菲特的合伙人、战友,对巴菲特一定有很多启发和帮助,但是片面夸大其作用,甚至认为巴菲特是靠芒格才实现了投资进化,这就完全是盲人摸象了。

在巴菲特的言论中,他认为芒格是"完美的合伙人",对他"感激不尽",但从来没有提到过投资思想的启蒙。或许,对于以合理的价格买入优秀企业的道理,芒格要早一些领悟,但是在行动上,他们步调却是一致的。

---

[1] 1987年度巴菲特致股东的信。
[2] 该案例在很多关于巴菲特的书中都有提到,这里不赘述。

价值投资路线图
格雷厄姆智慧家族的制胜之道 > >> >>>

第一次溢价购买行为是对于喜诗糖果的并购。芒格曾提到当时的情况。他说如果喜诗糖果再多要10万美元（巴菲特插口说1万美元），他和巴菲特就会走开——"我们那时就是那么蠢"。[1]

喜诗的成功，激励他们在投资实践上做出更大胆的尝试。芒格说："要是我们没有买下喜诗，我们也不会买可口可乐。感谢喜诗为我们赚到了120亿。我们很幸运买下了全盘业务，这件事教会了我们很多。"[2]

从思维进化到大胆实践，需要特别小心谨慎，也有一个演化的过程。以巴菲特一贯的谦逊风格，他把这个演化的功劳全部记在了芒格的账上。他说："格雷厄姆教会我买便宜货，而查理把我推进了不要光买便宜货的投资方向。这是他对于我最大的影响。把我从格雷厄姆有局限的观点中释放出来需要巨大的力量，那就是查理的意志力，他让我的视野变得更开阔。"

巴菲特说他慢慢地在很多事情上和查理的看法一致起来，"我是逐渐改变的，我并没有一下子从猿变人或是从人变猿"。他还补充说："好家伙，要是我只听格雷厄姆的话，我可能比现在穷很多。"[3]

从本章的分析来看，巴菲特和芒格作为亲密的投资战友，携手一起完成了投资体系三个方面的演化，所以巴菲特在历年度致股东的信中，不断强调他和芒格都是在格雷厄姆的教诲下，才取得了辉煌的成就。芒格在《穷查理宝典》的《芒格论巴菲特》中也说："我想那些认为我是沃伦的伟大启蒙者的想法里有好些神话的成分。他不需要什么启蒙。坦白说，我觉得

---

[1]查理·芒格：《穷查理宝典》，上海人民出版社，2010，第127页。
[2]洛尔：《查理·芒格传》，中国人民大学出版社，2009，第190页。
[3]洛尔：《查理·芒格传》，中国人民大学出版社，2009，第119页。

第三章
> >> 笑傲江湖的巨擘：巴菲特的守正与出奇

我有点名不副实。"[1]

很难说，这样的误传是从何而起。也许就像巴菲特的儿子霍华德所说："从前有人引用我的话（当然是断章取义了），说我父亲是我认识的人里面第二聪明的，最聪明的那个是查理。为了家庭和睦，对这样的报道我就不予评价啦。"[2] 也许以讹传讹就是这样发生的。通过以上小小的考证，就是为了说明，巴菲特的核心投资理念从未改变过，那就是智慧家族"家长"的投资体系。

最后，再提醒一下很多想立志成为巴菲特的投资者。巴菲特不易学，千万不要刻意去模仿他的投资方式。现在市面上解读巴菲特的书，大多数都是从具体的选股和估值方法入手，而没有系统剖析他的投资体系和理念，这很容易造成巴菲特易学可学的假象。

殊不知，"画虎不成反类犬"，按图索骥最后却很可能南辕北辙。中国的投资家段永平也认为，学习巴菲特只能学习他不做什么，而不能学习他怎么做，因为每个人的能力圈不同。

我的体会是，巴菲特的第一阶段是可以模仿的，这个阶段严格遵循格雷厄姆的投资框架，更偏重于定量分析部分。如果严格按照格雷厄姆和巴菲特所指示的路径去实践，已属不易，可至少"刻鹄不成尚类鹜"，偏差不大，风险较小。但是如果想向巴菲特投资的第二阶段学习，那就需要好好掂量一下自己的斤两了。

对定性因素的把握更侧重于个人的天分和洞察力，就像伯克希尔的

---

[1] 查理·芒格《穷查理宝典》，上海人民出版社，2010，第21页。
[2] 查理·芒格《穷查理宝典》，上海人民出版社，2010，第74页。

价值投资路线图
格雷厄姆智慧家族的制胜之道 > >> >>>

首席财务官谈到巴菲特时的评价："他能够准确预料到营运结果（实际上，如果结果跟他的估计有很大的出入，我们就会怀疑我们犯了错误）。他拥有非凡的本领，他研究的数字别人也都在研究，但他就是能够提出独到的看法和观点。他总是这样——提出一些伟大的想法，你听完之后会觉得很简单，可是别人却怎么也想不到。"[1]

很多伟大的想法和实践，事后来看都是那么简单，但是之前就是少有人能看到，这就是伟人与凡人的区别。对于我们普通投资者来说，要清楚知道自己的能力范围，在开始向巴菲特投资的第二个阶段迈进之前，请先对自己的神经和智力系统做一次全面的检测。如果确实有相当高的投资天分，那么可以认真阅读下文中论述芒格的部分。因为芒格告诉大家的，正是如何修炼成为一名伟大的投资者。

---

[1] 查理·芒格《穷查理宝典》，上海人民出版社，2010，第122页。

第四章
CHAPTER FOUR

投资群星闪耀时：
巴菲特的兄弟们

在此，我将从不同的时代和不同的地点回顾那些星光灿烂的时刻。我之所以这样称呼这些时刻，因为它们就像永恒的夺目的星星，照耀着暂时的黑夜。

——《人类群星闪耀时》

自从格雷厄姆提出价值投资体系，唤醒了一代投资人的自觉意识后，他们从不同的角度践行价值投资理念，并都取得了骄人的投资业绩。他们成为一代实现了自己的财富理想、独立意识和匡世济民思想的投资家。

这真是一个人类投资群星闪耀的时期。在这些耀眼的群星中，巴菲特无疑是最亮的那一颗，但他的璀璨丝毫掩盖不了其他星星的光芒。他们一起，为我们照亮了投资界的夜空。

巴菲特在《格雷厄姆-多德式的超级投资者》一文中，为我们介绍了九颗这样的星星。他们分别是：沃尔特·施洛斯公司、Tweedy-Browne 公司、巴菲特合伙有限公司、红杉树基金、查理·芒格、太平洋合伙有限公司、珀尔米特投资公司、华盛顿邮报公司、Master 信托公司和 FMC 公司养老基金。

这些闪亮的投资之星有些是格雷厄姆的弟子，有些并非是他亲传，但是他们都"皈依"了价值投资，他们都信奉一个共同的思想观点：去寻找某企业的价值与该企业所占的一小块市场份额的价格之间的差异，然后，利用这种差异来买进股票。正是成功利用了价格与价值之间的落差，他们才成为投资界的赢家，跻身于"超级投资者"之列。

下面，我们就选取格雷厄姆的两个亲传弟子和另一位虽非门徒、但却有着举足轻重地位的投资家芒格为例，来看看他们是怎么做到的。

夜大学生：沃尔特·施洛斯

施洛斯的经历有些传奇，他从未上过大学，但是很早就开始在华尔街打工。偶然的机会，他旁听了格雷厄姆在纽约金融学院举办的夜校，从此信奉了格系理念，也从此走上了他丰富美妙的人生路，这样的美好人生甚至传给了他的儿子。后来，他的儿子也加入了他的公司，一起做投资。所以说，如果论学历，施洛斯充其量就是一个夜大或者电大学生，而他的儿子毕业于北卡来罗那的艺术学校，似乎学历也不高。但是这一点都不影响他们的成功，只要找准方向，找对方法，坚持走下去，人生就不会虚度。

施洛斯的成功故事为大众所知，有赖于巴菲特的大力推荐。巴菲特称施洛斯是一个"不错的家伙""我的长期朋友"。当年在巴菲特还寂寂无闻的时候，"亚当·斯密"[1]找到格雷厄姆。格雷厄姆希望他和巴菲特一起修订《聪明的投资者》，于是"亚当·斯密"第一次听说了巴菲特，而正是

---

[1]《金钱游戏》等书的作者，以亚当·斯密为笔名发表著作。

价值投资路线图
格雷厄姆智慧家族的制胜之道 >>>>>

巴菲特，又向他推荐了施洛斯。

在1972年出版的《超级金钱》一书中，第一次记叙了施洛斯的投资方法："他并没有什么特殊的消息来源。实际上，华尔街圈子里的人对他也一无所知，也没有人告诉他任何想法。他只是查阅各种手册上的数据，并索取年报，这就是他的信息来源。"

1984年，巴菲特第一次在《格雷厄姆-多德式的超级投资者》中公开讨论了施洛斯令人瞩目的投资成绩。到了2007年，巴菲特在2006年度致股东的信中，再次提到了施洛斯。当年，施洛斯已经90岁高龄。而在他47年管理合伙人企业的历史中，创造出了大大超越标普500指数的战绩——从1955年成立沃尔特·施洛斯合伙人公司到2002年，在扣除管理费用后，他的复合收益率达到了16%，而同期标普500指数为10%。

他之所以能取得这样的成绩，全部是严格遵守格雷厄姆的投资方法的结果。"施洛斯的投资手法是纯粹的格雷厄姆式价值投资。"[1] 可以说，施洛斯是格雷厄姆最虔诚的门徒，格雷厄姆怎么说，他就怎么做。

第一，坚持偏重定量分析，一切从数据出发做出购买决策

施洛斯在1998年参加一个投资论坛时曾发表了《我在华尔街的六十五年》的演讲。通篇讲了他是如何遵循格雷厄姆的投资原则。

当有人问他"特维迪-布朗注重定量，巴菲特更多的是定性，你的取向是什么"时，他明确说更倾向于布朗一边。为什么？就是因为你要做你

---

[1] 克里斯托弗·布朗：《价值投资》，世界图书出版公司，2013，第32页。

第四章
>>> 投资群星闪耀时：巴菲特的兄弟们

自己有把握的事情。

他认为巴菲特是空前绝后的，也就是说，巴菲特很难学，他太杰出了。施洛斯评价巴菲特说，他不仅是好的分析家，而且有很好的商业眼光，对人的判断也很准。但这些都是我们做不到的。所以，每个人都有自己的能力圈，还是乖乖守在自己的圈子里吧。

从这些话里，你就能明白，施洛斯虽然天分不高，但为什么会成功，因为他对自己有清醒的把握。他不会为做不到的事情苦恼，也不会看到巴菲特取得那么伟大的成就而心烦意乱。他只知道把自己能做好的事情做到极致就可以了。这是他的原则，他一辈子都不曾偏离，而这一点，也是从格雷厄姆那里学来的。

他在演讲中提到"我为格雷厄姆工作收获的经验之一是，他有非常严格的原则，他不会偏离"。他讲到一则小故事。当年通过一个朋友推荐，他发现一家制造相纸的小公司进入了专利申请的流程，正在试图发明复印机。这可真是一件具有超级想象力的事情。他跑去找格雷厄姆，想要说服他买入这家小公司。但格雷厄姆拒绝了，他说"这不是我们的菜"。而这家小公司就是后来的超级大公司施乐。

这是不是很有意思的一件事？如果是我们碰到这样的老板，一定对自己的良好判断相当自得，同时不知在背后怎么痛骂这样的糊涂老板，甚至可能愤而挂冠走人了，但是施洛斯学到的却是更加坚定地坚守投资原则。

在之后的投资生涯中，他始终从定量分析出发，严格依照公司的公开信息，细致分析所有的财务数据，从而挖掘出被低估的品种。即便后来很难再找到价格低于账面价值的公司，他仍然坚持以账面价值为基础，寻找那些股价在低点附近，而不是高位的股票。

价值投资路线图
格雷厄姆智慧家族的制胜之道 » »»

另外,他遵从格雷厄姆的教导,从不去走访上市公司。格雷厄姆的《证券分析》和《聪明的投资者》都是针对最普通的投资者所作。他怀疑这样的普通投资者是否有条件去造访一家上市公司,或者即便走到上市公司门前,又有谁会出来接待?再说就算个别高管出来陪着喝一会儿茶,又会透露出多少真正有价值的信息呢?

事实上,我们看到,就算是一些基金公司的基金经理们、研究员喜欢到处去调研,但之后写出的那种走马观花式的调研报告也实在是价值有限。所以,施洛斯坚决按恩师说的办,从不去任何一家公司做调研。他认为格雷厄姆说的对,这些公司的董事会对公司的得失负责,而我们只需要对他们规范的财务报告进行认真分析就可以了。

第二,坚持适度分散的投资原则

格雷厄姆反对过于集中的投资方法,强调适度分散的投资原则,因为他考虑的还是安全和风险。任何人都不敢说对未来一定看得准,就算是已经感觉十拿九稳了,也会存在思维的盲区。而一旦把所有的资金全部压在一只股票上,一旦出现黑天鹅事件,将会造成本金永久性损失这样的灾难性后果。

施洛斯一生坚守了分散投资的原则。巴菲特在评价他取得的成绩时说,他是通过投资大约1000种证券来建立自己的纪录的。当有人对比巴菲特的集中投资和他的投资方式时,施洛斯明确说"我们做不到",他认为他的能力无法做到那么有把握的判断,并且搬出巴菲特对他的评价:持有一个投资组合是为"无知"做对冲。

第三，坚持逢高卖出的原则

上文已经讲过，巴菲特和芒格也并不是僵化地对手里的股票永不卖出。不过他们对于好不容易买到手的、持续增长的优质企业，绝不轻易放手罢了。相比之下，施洛斯就更坚持格雷厄姆的卖出原则：一旦低估的情况消失，就坚决卖出。

他举了一个例子，他们曾经买入了一家企业，12.5美元买入很多，后来上涨一倍后卖掉了，但是这家企业最后涨到70美元。碰到这样的情况，很多人都会捶胸顿足，仿佛这些没到手的钱是从自己的腰包里掉出去的一样。其实大可不必，因为当时买入的原因就是其被低估，现在上涨一倍后，"在这个水平已经不便宜，所以我们会卖出"，就是这么简单，这就叫原则。

巴菲特"永不卖出优质企业"是原则，施洛斯"贱买贵卖"也是原则，关键要看你的能力到底能把握哪一种原则罢了。

其实，对比巴菲特和施洛斯的投资方法就可以看出，他们信奉的体系完全出自于格雷厄姆，将定量分析与定性分析相结合，寻找价格低于内在价值，发现有足够安全边际的投资品种后大量买入。只是在具体方向上因人而异。

施洛斯更极端地重视定量分析（这一点甚至超过了他的老师格雷厄姆）。由于要不停地寻找这样的投资机会，所以自然要买入更多的品种，而一旦价格回归价值，则果断卖出，兑现利润。

巴菲特在他投资的第一阶段与施洛斯区别不大，到了投资的第二阶段，则更重视定性分析，所以更多地寻找那些非常优质的成长企业。这样的企业势必数量很少，买入的机会非常难得，所以一旦拥有，自然不会轻易卖出，而是长线持有，和企业共同成长。

对于我们普通的投资者来说,重要的是掌握格雷厄姆的基本体系,至于选择定量还是定性的投资方向,要看自己的实际情况,也就是认真考虑自己的能力圈,然后再选择自己可以把握的投资方向。

杂货店里的淘宝客:特维迪-布朗

特维迪-布朗公司与格雷厄姆的渊源甚深。这家公司由特维迪在1920年创办,在30年代就与格雷厄姆建立了股票经纪关系。1945年霍华德·布朗与琼·雷利进入公司,成为合伙人。他们干脆搬到邻近格雷厄姆的华尔街52号办公,从而可以从格雷厄姆那里得到更多的股票。[1]

1957年,特维迪和格雷厄姆同时退休。施洛斯推荐了格雷厄姆的另一名学生汤姆·奈普进入公司,成为公司的第三个合伙人。这就是巴菲特在《格雷厄姆-多德式的超级投资者》中第二个提到的企业——Tweedy-Browne的发展历程。而这家企业又由施洛斯牵线,在1959年与巴菲特建立了长期的合作关系,霍华德·布朗拥有很大一部分伯克希尔的股份。

看看这样强大的朋友圈,集结了史上最杰出的三位投资者:格雷厄姆、施洛斯、巴菲特,这家企业想不成功都难。同时,这家企业的经营者一定都有着纯正的格雷厄姆价值投资血统。

---

[1] 克里斯托弗·布朗:《价值投资》,世界图书出版公司,2013,前言。

第四章
>> 投资群星闪耀时：巴菲特的兄弟们

在霍华德·布朗的儿子——克里斯托弗·布朗所著的《价值投资——从格雷厄姆到巴菲特的头号投资法则》一书中，他深入浅出地勾勒出格雷厄姆的投资体系。格雷厄姆曾在《聪明的投资者》一书中形象地说："购买股票要像购买食品杂货一样，而不要像买香水一样。"[1] 布朗借用格雷厄姆的比喻，全书都以此为线索，告诫投资者要用到杂货店淘宝的心态购买股票。同时，他还进一步扩大了淘货的范围，提出了"海淘"。

布朗的投资体系全部遵从格雷厄姆。从价值投资的定义，到价值与价格的估算，再到安全边际、低市盈率的把握、账面价值标准，最后到对资产负债表和利润表的分析，无不是简化版的格雷厄姆学说。

他总结自己的投资之道时说："最佳的购买时机就是股票最便宜的时候，而不是因为每个人都想拥有而导致股价居高不下的时候。我的投资生涯已经延续了30多年，但不管卖家何在，我的愿望就是能买到打折的股票。对我而言，买进便宜股票就是我的最佳生财之道。至于好企业的折价股票，更是能带来出人意料的超额回报。那些被人们挂在嘴里的热门股，不管有多么浪漫迷人或振奋人心，在它们面前我也不为所动。"[2] 在执行格雷厄姆的方法上，他们表现得甚至有些机械。比如在第11章《投资工具》的介绍中，布朗说："我当时的任务就是计算美国所有上市银行的账面价值。在计算出各银行股票的账面价值之后，就可以和股票价格进行比较。如果股价等于或低于账面价值的三分之二，我们就可以考虑买进。尽管这种方法并不是非常精确，但我们还是买到了很多廉价的银行股票。"[3]

---

[1] 格雷厄姆：《聪明的投资者》，人民邮电出版社，2011，第9页。
[2] 克里斯托弗·布朗：《价值投资》，世界图书出版公司，2013，第39页。
[3] 克里斯托弗·布朗：《价值投资》，世界图书出版公司，2013，第137页。

价值投资路线图
格雷厄姆智慧家族的制胜之道 » »»

可以说，他们多年来一直牢记着格雷厄姆的教导：不要亏损，尤其是不能发生本金的永久性损失。这样，通过"从纷繁混乱的货架上找到质量最好、价钱最低的好东西"，他们一样取得了战胜标普500指数的好成绩。[1]

至于海淘，布朗称为"到他国的股票杂货店里挑选便宜货"。看看我们身边，很多购物狂们确实精于挑选便宜货。为了能够买到便宜几美元的一双鞋、一只手表，甚至是一口锅，他们能够排除语言不通的障碍，时刻关注汇率的变化，到处打通代购的渠道，可以说表现出超常的精明。但是，为什么涉及投资，大家反倒缩手缩脚，根本不敢越雷池一步了呢？

其实道理是一样的。布朗就指出，全球的上市公司有两万多家，美国占到一半。那么，如果把视野扩展到全球，找到便宜股票的机会不也就多了一半吗？《证券分析》第六版也注意到这一问题，专门在全书之外增加了第八部分——《环球价值投资》。托巴斯·鲁索所作的导读《将格雷厄姆与多德的理论应用于世界范围内的投资》一文中，详细引述了巴菲特对于全球价值投资的看法，同时讲解了环球投资所应注意的风险。

当然，对于中国投资者来说，如果能在全球范围内搜寻价值被低估的投资品种，那可能的机会就不是扩大一半了。当国内市场面临疯狂的时候，我们可以把眼光放到海外市场中，勇敢地进行海淘。不过，在仗

---

[1] 克里斯托弗·布朗曾经管理过特维迪-布朗公司旗下投资于美国国内股票的价值基金，该基金自1993年成立以来，截至2009年（布朗于该年去世），年均收益率为8.53%，而同期标普500指数年均收益率为7.59%。另外一只全球价值基金自1993年成立以来，截至2009年年均收益率为10.29%，同期的基准指数MSCIEAFE年均收益率为5.29%。

剑出国门之前，一定要先把自己的剑磨好，先要有专业的积淀和足够的风险控制意识。如果专业素养不够，建议不要轻易尝试。毕竟，除了价值体系的熟练运用外，每个市场的交易规则、交易习惯、汇率风险等都是必须要通盘把握的。

投资哲学家：查理·芒格

查理·芒格可说是投资界的怪杰。他思维敏捷，敢于直言，从来不隐讳自己的观点，因此自然也很不招人喜欢。很多人对他的评价是行事鲁莽。如果不是他的成功与财富，恐怕不为世人所容。但正是如此，他依靠自己的智慧为自己赢得了独立的资本。他曾说从小就向往着独立，这就是他追求财富的理由。

芒格不是格雷厄姆的学生。虽然他和格雷厄姆有非常多的相似之处，比如都喜欢富兰克林，都喜欢引经据典，都有着学者的气质，甚至他们的第一个儿子都死于白血病，给他们带来了莫大的痛苦。但是，芒格似乎并不十分认同格雷厄姆的许多观点。

他认为格雷厄姆的思想中有很多盲点，那就是"他没有意识到有些生意值得前期投入"。他甚至还认为格雷厄姆的很多观点是"无稽之谈"，"完全无视现实"。

考虑到芒格尖锐的批判性性格，他这样的说法也不足为怪。毕竟格雷厄

价值投资路线图
格雷厄姆智慧家族的制胜之道 > >> >>>

姆亲身经历了大萧条时代，1929 年的股灾对他有切肤之痛，而芒格当时还只是一个小孩子。格雷厄姆要把最安全的方法灌输给普通投资者，而有些具体的方法难免有过时之嫌。尤其是对于像巴菲特和芒格这样的伟大投资者来说，他们要取得的是伟大的投资业绩，一些条条框框当然更加不切实际。但是，格雷厄姆的整体投资系统和原则却永不过时，这一点芒格也是高度赞同的。

他说："对于个人投资者来说，价值的最基本概念就是当你买进证券时，衡量依据是内在价值而不是当时的价格——我认为这种理论永不过时。"[1]

他还把投资与赌博相提并论，认为"投资等于出去赌马。我们要寻找一匹获胜概率是二分之一、赔率是一赔三的马。你要寻找的是标错赔率的赌局。这就是投资的本质。你必须拥有足够多的知识，才能知道赌局的赔率是不是标错了。这就是价值投资"。[2]

这里的胜率就是格雷厄姆内在价值的形象说法，而赔率则是价格，所谓标错赔率也就是有一定的安全边际。这样的赌局，正是格雷厄姆所说的价值投资。

尽管他和巴菲特从购买喜诗糖果开始，更加偏重于定性因素的考虑，逐步进化到以溢价的方式购买优秀的公司，但是基本的投资思路从未有丝毫摇摆。他们对于溢价购买资产始终是相当保守的。

"我从来不会买超过内在价值的股票。"芒格说："很少有人值得你多付一点钱以获得和他之间的长期合作优势。投资游戏总是要同时考虑质量和价格，关键就是用付出的价格得到更好的质量，事情就是这么简单。"[3]

---

[1] 洛尔：《查理·芒格传》，中国人民大学出版社，2009，第 118 页。
[2] 查理·芒格：《穷查理宝典》，上海人民出版社，2010，第 88 页。
[3] 洛尔：《查理·芒格传》，中国人民大学出版社，2009，第 118 页。

第四章
>> 投资群星闪耀时:巴菲特的兄弟们

联想到格雷厄姆的名言:价格是你付出的,价值是你得到的,巴菲特将芒格列于格雷厄姆家族门墙之下,也就是题中应有之义了。

在格雷厄姆的智慧家族中,芒格的贡献在于更开阔的思维和更高远的眼光,这也是巴菲特感觉到芒格对他帮助最大的地方。换句话说,芒格更像是投资界的"哲学家"。他很少谈到具体的方法,或者说,他的"价值评估到最后变成了一种哲学的评估,而不是数学的衡量。在分析本身和查理毕生积累的经验及其在认知模型方面的技巧的共同作用之下,他最终能够得到一种投资感觉"。[1]

这种感觉正是巴菲特提到的洞察力,而芒格要告诉我们的是,如何获得这样敏锐的洞察力。他带给我们的是,如果要从一名普通投资者进化到伟大的投资人,需要具备哪些思维方式和知识体系,而这些都是可以通过不断的刻苦学习得到的。当然,前提条件是,你具备这样的学习能力。

芒格从三个方面阐述了他的学习方向:逆向思维、多元思维、检查清单。

1. 逆向思维:"反过来想,总是反过来想"

芒格经常引用代数学家雅各比的名言"反过来想,总是反过来想",以提示我们时时保持逆向思考的思维习惯。

前文我们提到,格雷厄姆在《证券分析》中已提出了一个精彩的"击败股市的经典方法"——逆向投资法,同时他也告诫投资者,与大众保持反向的困难。

在《聪明的投资者》中,他介绍了一种程式投资法。实际上是用机械

---

[1]查理·芒格:《穷查理宝典》,上海人民出版社,2010,第92页。

价值投资路线图
格雷厄姆智慧家族的制胜之道 > >> >>>

的方法来迫使自己与大多数投资者保持逆向。

然而,芒格已不仅仅把逆向思维用于投资。在人的一生中,如果想过上幸福的生活,获得大智慧,也要养成运用逆向思维的习惯。他举例说:当年几乎所有人都在试图修正麦克斯韦的电磁定律,以便它能够符合牛顿的三大运动定律,然而爱因斯坦却转了个180度大弯,修正了牛顿定律,让其符合麦克斯韦的定律,结果他发现了相对论。他在1986年给哈佛学校做的演讲中,用完全逆向的思维方式,告诉大家如何保证自己过上痛苦的生活。自然,这种反话正说的方式,给大家留下了更深刻的印象,同时也给大家来了一次逆向思维方法的训练。

在巴菲特眼里,芒格是可恶的"说'不'大师"。巴菲特曾说,如果芒格对某个项目说"不",那么他们就会用所有的钱来投资它。如果他只是说"这是我听过的最愚蠢的事情",那么他们就会适当地做一点投资。

巴菲特和芒格探讨一个项目时,芒格始终提出问题,表示反对。但是当巴菲特坚持要投一个项目时,芒格在最后一刻往往才表露出真实的态度,那就是"如果你要做,我能不能参股"。[1]

芒格正是用这种逆向的思考方法,不断发现他人还没有注意到的盲点,以充分提示风险。往往他越加以反对的,项目倒是越有价值;如果他甚至不愿发表意见,那说明这个项目连思考的价值都没有。

这种逆向思维对巴菲特也有很大帮助,所以他曾在致股东的信中,多次引用芒格的名言:"要是知道我会死在哪里就好啦,那我就永远不去那个地方。"

---

[1]查理·芒格:《穷查理宝典》,上海人民出版社,2010,第123页。

2. 多元思维："在头脑里形成思维模型的复式框架"

芒格曾经说过："长久以来，我坚信存在某个系统——几乎所有聪明人都能掌握的系统，它比绝大多数人用的系统管用。你需要的是在你的头脑里形成一种思维模型的复式框架。有了那个系统之后，你就能逐渐提高对事物的认识。"[1]

这种思维模型的复式框架是怎么形成的呢？当然要靠不断的学习。通过学习，要了解重要学科的重要理论，并养成习惯，在实践中经常使用——要把各学科的理论都要用上，而不是只有几种。

他在几次演讲中详细论述了这种思维模型，被人称之为"格栅理论"。它们是一个收集和处理信息、并依照信息行动的框架。它们借用并完美地糅合了许多来自各个传统学科的分析工具、方法和公式，这些学科包括历史学、心理学、生理学、数学、工程学、生物学、物理学、化学、统计学、经济学等。

这实际是一种跨学科的思维方式，因为人们所要处理的事物，包括投资在内，都受到很多极其复杂因素的影响，所以如果想要更好地理解这些事物，就必须熟练运用来自于不同学科的人类智慧结晶。

这种思维多元模型（据他估计，大概有100种），能为我们提供分析问题的背景和框架，让我们具有看清生活本质和目标的非凡洞察力，从而把纷繁复杂的投资问题，简化为一些清楚的基本要素，最后形成自己的投资大智慧。这些模型中最重要的例子包括工程学的**冗余备份模型**，数学的复利模型，物理学和化学的**临界点**、**倾覆力矩**、自我催化模型，生物学的**现代达尔文**综合模型，以及心理学的认知误判模型。他独创了一个词语，

---

[1] 查理·芒格：《穷查理宝典》，上海人民出版社，2010，第79页。

叫Lollapalooza效应。他指出，两种、三种或四种模型力量共同作用于同一个方向，当它们联合使用时，就会产生核爆炸式的临界效应。所以，你必须拥有各种模型，必须弄清楚各种模型的相互关系以及它们的效应。

> **小贴士**
>
> **冗余备份模型**：工程学中，冗余是指复制关键的部件或者系统的主要功能，意图提高系统的可靠性，通常使用备份或者自动防故障装置。
>
> **临界点**：物体由一种状态转变成另一种状态的条件。如气体在某一温度时，加上一定的压力就能转化为液体，这种温度和压力即该气体的临界点。亦借指事情性质发生变化的关键之处。
>
> **倾覆力矩**：进行结构或构件稳定性计算的一个术语。
>
> **自我催化模型**：反应产物对反应速率有加快作用的反应称为自催化反应。工业上的发酵过程是一类典型的自催化反应过程。
>
> 自催化作用的特点是：1.反应开始进行得很慢（称诱导期），随着起催化作用的产物的积累反应速度迅速加快，而后因反应物的消耗反应速度下降；2.自催化反应必须加入微量产物才能启动；3.自催化反应必然会有一个最大反应速率出现。
>
> **现代达尔文**：种群是生物进化的基本单位；自然选择决定生物进化的方向；突变、选择和隔离是物种形成和生物进化的基础。

芒格在演讲中多次对心理学的研究提出了批评。因为心理学就是一个

第四章
>> 投资群星闪耀时：巴菲特的兄弟们

典型的仅以本学科的思维方式来进行研究的例证，因此造成了大量实际的社会心理问题得不到研究和解决。芒格为此专门写出《人类误判心理学》一文，总结了25种心理倾向，正是这些心理倾向导致了"市场先生"的出现，人们在极端狂热和抑郁中摇摆。

近年来，行为金融学的研究日益受到重视，2013年，耶鲁大学的席勒教授因为行为金融的研究获得了诺贝尔经济学奖。在行为金融学的研究领域，心理学是一个重要方面。学者试图通过对人们的心理及各种经济行为的研究，解读为什么股市会出现非常巨大而且非理性的波动，同时产生巨大的泡沫。在人类历史上，这样的泡沫不胜枚举，其中最为著名的有荷兰的郁金香泡沫，英国的南海泡沫等。在南海泡沫中，人类历史上最伟大的物理学家之一，英国的牛顿爵士在泡沫破灭后，几乎赔光了全部身家。他在赔钱之后说了那句著名的话："我能够预测天体之间的距离，但我无法预测人心的狂热。"

我认为，正是运用格雷厄姆的价值投资方法，可以很大程度上规避泡沫破灭带来的本金永久损失的巨大风险。当然，同样的，你也不可能享受到泡沫带给你的快乐。据学者研究，在人类过去两三百年的金融历史发展过程中，泡沫发生的频率不是降低而是升高了，而泡沫最有趣的地方正是在于所有身处泡沫的人，都认为这不是一个泡沫。[1]我们在芒格的提示上，多了解一些心理学的案例，主观上可以帮助我们提高对泡沫的警惕。

巴菲特和芒格都特别强调概率学的重要性。他们都喜欢打桥牌，在打牌的过程中，就要不断计算变化的概率，在赢面较大时果断出击。芒格喜

---

[1] 对此问题的研究可以参见朱宁所著，中信出版社出版的《投资者的敌人》一书。

价值投资路线图
格雷厄姆智慧家族的制胜之道 > >> >>>

欢用赌马来比喻投资,巴菲特则喜欢用打牌,林奇用的是德州扑克,还有些人喜欢用21点,这些都需要运用概率学的思维框架,当出现胜面概率很大时,就果断下重注博取高收益。

当谈到投资成功的关键原因时,芒格说:"我们赚钱,靠的是记住浅显的(道理),而不是掌握深奥的(道理)。我们从来不去试图成为非常聪明的人,而是持续地试图别变成蠢货。久而久之,我们这种人便能获得非常大的优势。"[1]

确实,只有蠢货才会在概率不高时胡乱下注,把自己宝贵的资产置于"本金永久性损失"的危险境地中。奇怪的是,很多投资者在生活中异常精明,精于计算,数学学得确实不错,但一旦到了股市中,就变得异常狂躁和愚蠢,心态变得极其扭曲。这也证明了尽量掌握芒格的多元思维,对于投资的确重要。

建议喜欢学习的读者认真阅读《穷查理宝典》第四章,芒格的11篇演讲。在这些充满智慧的演讲中,芒格对跨学科的多元思维有精彩的解析。比如第二讲《论基本的、普世的智慧,及其与投资管理和商业的关系》、第五讲《专业人士需要更多的跨学科技能》以及第九讲《论学院派经济学》等,都是非常精彩的智慧箴言。

这种多元思维对无疑为巴菲特提供了莫大帮助,所以他曾在致股东的信中,多次引用芒格的另一句名言:"在手里拿着铁锤的人看来,世界就像一颗钉子。"

---

[1] 查理·芒格:《穷查理宝典》,上海人民出版社,2010,第111页。

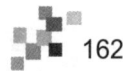

3. 检查清单："必须养成核对检查清单的习惯"

芒格说："聪明人怎么会经常犯错呢？他们并没有做到我让你们做的事情：使用一张检查清单，确保你们掌握了所有的主要模型，并以一种多元的方式使用它们。"[1]

芒格检查清单的灵感来自于航空系统。航空系统是对安全要求最高的行业之一，所以每个飞行员都会有一张检查清单，在飞行前必须要认真逐一核对，确保完全无误。芒格说："聪明的飞行员即使才华再过人，经验再丰富，也绝不会不使用检查清单。"[2]

同理，聪明的投资人即使才华再过人，经验再丰富，但是在做出一项重大投资决策时，如果不认真核对投资中所要注意的各类事项，也难免不出现一些纰漏。

在《穷查理宝典》第四章第五讲后，总结了芒格推荐的四种基本的检查清单。

（1）**双轨分析**。①理性地看，哪些因素真正主导了牵涉到的利益？（例如宏观的和微观的经济因素）②当大脑处于潜意识状态时，有哪些潜意识因素会自动以各种方式形成虽然有用但往往失灵的结论？（本能、情绪、贪婪等等）

（2）**投资和决策检查清单**。查理的非正式检查清单，详细地列出了各种值得考虑的因素。

---

[1] 查理·芒格：《穷查理宝典》，上海人民出版社，2010，第338页。
[2] 查理·芒格：《穷查理宝典》，上海人民出版社，2010，第97页。

(3) **超级简单的普通观念**。①先解决那些答案显而易见的问题。②利用数学运算能力。③逆向思考（反过来考虑问题）。④应用基本的跨学科智慧，永远不要完全依赖他人。⑤注意多种因素的共同作用。

(4) **基于心理学的倾向**。他那著名的人类误判心理的 25 个标准。

也许，每个人的检查清单都不尽相同，这取决于学习能力和学习的结果。但是不管怎样，遵照芒格的指导，建立自己的人生检查清单，确实是一种比较好的方法。

当然，这并不简单。每次在芒格演讲后，都会有很多听众提问，认为他所讲的方法太过复杂和困难，因为各种各样的原则太多了。

芒格的回答是："如果你像我一样，你就会觉得有点复杂才有意思。如果你想要毫不费力就能明白，也许你应该加入某种宣称能够解答一切问题的邪教。我可不认为那是一种好办法。我想你必须接受这个世界——它就是这么复杂。爱因斯坦曾经很好地总结过这一点：一切应该尽可能简单，但不能过于简单。"[1]

很多写价值投资的书，都会轻描淡写地说"价值投资就是这么简单"，可千万不要被这种说法所误导。价值投资需要一生刻苦努力去实践，恰似一条艰苦的修行之路。正如芒格所说："对于提出并完善投资策略或者执行这种策略来说，勤奋工作是至关重要的。"[2]

---

[1] 查理·芒格：《穷查理宝典》，上海人民出版社，2010，第 285 页。
[2] 查理·芒格：《穷查理宝典》，上海人民出版社，2010，第 93 页。

第四章
>> 投资群星闪耀时：巴菲特的兄弟们

芒格一生都在刻苦学习，他现在已年过90岁，但依然每天都在学习进步。他曾自嘲是一本长着两条腿的书，他利用所有的空余时间来读书学习，来和人类历史上的智者进行交流，甚至是交朋友。而他的伙伴巴菲特也和他有着同样的读书爱好。2015年3月，美国亚利桑那州立大学新闻与大众传播学院举行的演讲活动邀请了巴菲特。被问及他是如何获取信息时，巴菲特称，"我不断阅读，一天可能读五到六个小时。年轻的时候读得没现在这么快。可我要读五份日报，还有很多杂志、公司年报等，另外也有其他很多东西。我一直享受阅读，比如喜欢读传记。"

他们都有着相同的超强学习能力，这样才确保伯克希尔取得了惊人的成绩。芒格对此的评价是："这是很罕见的：绝大多数人到古稀之年便停滞不前了，但沃伦依然在进步。"[1] 这实际上也是他的自我评价。

在格雷厄姆的智慧家族中，芒格绝对是最有个性，也是最才华横溢的。伯克希尔能创造出今天的奇迹,他定然是功不可没。在芒格的心目中，已经把投资上升到哲学的高度；反过来，又用哲学和跨学科的视角来解析投资。

在投资界，像这样的"哲学家"还有一个，就是索罗斯。用他的话来说，哲学是一切事物的根本，有了哲学的认知，对任何事物就能通过现象看本质。他还认为一个学生进修了哲学课后，再去学习金融，将来肯定会大有出息。因为有了哲学背景的金融投资人，对市场的看法会与他人完全不一样。[2]

---

[1] 查理·芒格：《穷查理宝典》，上海人民出版社，2010，第21页。
[2] 梁恒：《与索罗斯一起走过的日子》，广东经济出版社，2012，第21页。

价值投资路线图
格雷厄姆智慧家族的制胜之道 > >> >>>

作为一个普通投资者，想要达到他们的哲学高度，最终成为一个伟大的投资者，恐怕相当困难，但这并不妨碍我们按照他指示的门径去学习去努力，去思考去实践，最后在投资中拥有一定的哲学眼光。这样纵然不能成为伟大，但至少也可以避免走很多弯路，取得不错的回报。

当然，需要特别提醒的是，如果功力不逮，切莫盲目发力。生吞活剥，有时反倒容易走火入魔。投资界最不缺的就是志大才疏之辈。作为普通投资者，如果没有那样的才华，最好还是以施洛斯为榜样比较好。

第五章
CHAPTER FIVE

一本万殊：
智慧家族的亲友团

学问之道，以各自用得着者为真，凡倚门傍户、依样葫芦者，非流俗之士，则经生之业也。此编所列，有一偏之见，有相反之论，学者于其不同之处，正宜着眼理会，所谓一本万殊也，以水济水岂是学问？

——《明儒学案》

格雷厄姆所提炼的价值投资体系,不是一个封闭的系统;格雷厄姆的智慧家族,也不是一个封闭的朋友圈。

在格雷厄姆早年执教于哥伦比亚大学时,就有很多学生从不同方向运用他的方法。他的嫡传弟子,有些既上过他的课,也在他的公司中参与过投资实践,更是从不同的方面来获得"用得着"的一套法则。

除此之外,有大量的价值投资者,虽非格雷厄姆的亲传弟子,但也自觉不自觉地实践着格雷厄姆的投资路线图,只是在不同的方向上各有侧重罢了。

比如费雪,他就专注于定性分析中的公司研究,致力于挖掘成长股;我的"启蒙老师"林奇则是教给我们如何做一个有心人,从日常生活中发现绝佳的投资故事;而历史上最成功的基金经理之一、邓普顿集团创始人约翰·邓普顿则倾力于逆向投资方法的运用;其他像《证券分析》第六版所请到的为大家奉献精彩导读的各位投资大家,塞思·卡拉曼、詹姆斯·格兰特、罗杰·洛温斯坦、霍华德·马克斯、埃兹拉·梅尔金、布鲁斯·

伯考维茨、格伦·格林伯格、布鲁斯·格林沃尔德、大卫·艾布拉姆斯、托马斯·鲁索等，无不是格雷厄姆智慧大家庭中的一员。

他们也有些一偏之见，甚至也有些具体操作方法上的相反之论，但一本万殊，都给我们提供了宝贵的投资建议。只要我们坚持价值投资的大原则，在具体方法上就总能获得可资借鉴的一瓢之饮，而"此犹中衢之樽，后人但持瓦瓯筆杓，随意取之，无有不满腹者矣"。[1]

下面，着重对费雪、林奇和邓普顿的方法进行介绍。他们代表了价值投资体系中各自不同的三个方向。

费雪：专注于好公司的标准研究

费雪在价值投资的大家庭中，应该算是叔伯辈的长者了。在我介绍的这些投资群星中，唯有格雷厄姆和费雪亲历了美国 1929 年的股市崩盘。

他在 1957 年 9 月为他的名著《怎样选择成长股》一书所写的自序中说，他 1928 年踏进商业世界，正赶上了"难以置信的金融纵欲游戏"，以及游戏崩塌后的一地鸡毛。他根据个人观察，认为美国西岸有大好的机会，因为那里可以经营专业的投资顾问公司，这些公司与华尔街的证券经纪商只知道价格而对价值一无所知截然不同。于是在 1931 年，他创立了自己的

---

[1] 黄宗羲：《明儒学案》，黄梨洲先生原序。

价值投资路线图
格雷厄姆智慧家族的制胜之道 >>> >>> >>>

费雪公司,挖掘股票的真实价值,为大众做投资顾问咨询,"业务蒸蒸日上"。

他在自序中提到促成他写出这部书的两件重要的事,一件是"投资想赚大钱,必须有耐性。换句话说,预测股价会到达什么水准,往往比预测多久才会到达那种水准容易",另一件是"股票市场本质上具有欺骗投资人的特性。跟随其他每个人当时在做的事去做,或者自己内心不可抵抗的呐喊去做,事后往往证明是错的"。[1] 他的这些教导与格雷厄姆所提示的一些原则如出一辙,也和巴菲特、芒格、林奇这些价值投资大师完全一致。

费雪毕生致力于对优秀公司的研究,在实践中,他也全部投资于此类公司。他提出了15个优秀公司的标准,主张按照这样的标准在成千上万家公司中去筛选。他把这样的公司称之为"成长型公司"。

但不同于现在很多人理解的成长型公司就是小公司,就是初创型公司,他指的这种公司是"多年来营业额和盈余成长率远超过整体行业,而能获得很高的投资报酬","这样的公司不见得必须年轻,规模小。相反的,不管规模如何,真正重要的是管理阶层不但有决心推动营运再次大幅成长,也有能力完成他们的计划"。[2]

费雪之所以把研究重点放在成长股上,是因为他认为投资者通过长期投资赚点钱的方法有很多,但是他只想告诉大家赚钱的最好方法。这个最好的方法就是"以最低的风险获得最高的总利润"。他的逻辑是,通过会计和统计数据分析,是可以找到一些显然很便宜的股票。但这些股票有的真便宜,有的却因为未来可能经营不善,而陷入困境,所以并不是真的便

---

[1] 费雪:《怎样选择成长股》,海南出版社,1999,序言。
[2] 费雪:《怎样选择成长股》,海南出版社,1999,第14页。

宜。另一方面，即使是真的便宜，往往需要相当长的时间，价格才能回到它的价值区间。而有这个时间，"技巧最纯熟的逢低吸入者最后获得的利润，和运用普通智慧、买进管理优异的成长型公司的人比起来，实在是小巫见大巫"。[1]

读到这里，很多人自然会联想到，主张买入便宜货的就是格雷厄姆，所以费雪是和格雷厄姆对立的。其实这真是大错特错了。

前文已经充分解读了格雷厄姆的投资体系，他也主张挖掘真正的好公司。但是对于什么是好公司，他很怀疑普通投资者是否能把握住。因为只要是涉及预判未来，就已经隐含了风险。

人们更倾向于过高估计自己对未来的判断能力，有时在极其亢奋的投资环境里，普通投资者更容易做出盲目的选择而不自知，投资与投机就会在一念之间颠倒，而投资者也会滑向资本永久性损失的危险境地。所以，格雷厄姆一直对于预判未来保持足够的警惕和保守。

前文也讲过，格雷厄姆之所以偏于保守，是因为他亲身经历过1929年股灾时的可怕场景。在股灾之前，他在华尔街上已颇有名气，积累了大量的财富，而这些财富在股灾来临后，损失了70%。

他在《华尔街教父回忆录》中，曾痛苦地回忆这段经历："对几乎所有人而言，当他失去五分之四的财富后，不管他还剩下多少钱，他都会认为这是一场灾难。财富的损失对我来说不算什么，最让我感到痛苦的是，在大危机出现后我不断自责，不断问这是为什么，以及对大危机能不能过去没有把握。"

---

[1]费雪：《怎样选择成长股》，海南出版社，1999，第58页。

价值投资路线图
格雷厄姆智慧家族的制胜之道 » »» »»»

相比之下，费雪则要幸运得多，虽然他也亲历了股灾，但是他当时不过是刚刚入行，还没有自己的公司，甚至谈不上有什么财富积累，自然无法体会格雷厄姆那样的痛苦。

事实上，格雷厄姆的《证券分析》在1929年股灾爆发前已开始动笔，但在1934年第一版才面世。格雷厄姆认为他非常幸运，因为经历过这样一场大灾难，他的思想境界提高更多，有了很多失败的教训，他的书才有很大的价值。

我们回顾一下第二章中格雷厄姆的那张投资路线图。其中，在企业的未来价值因素中，明确提出了三点，A.管理和声誉，B.竞争条件和前景，C.产量、价格和成本的可能变化。

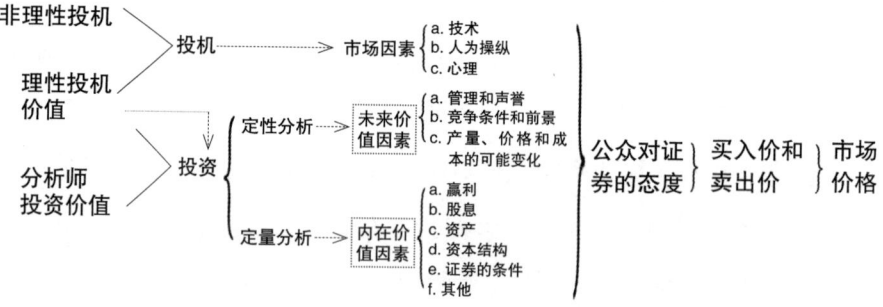

费雪寻找优良普通股的15个要点，细分一下，其实就是在这三大类中。

A. 管理和声誉

这部分主要是指管理层的能力问题，选择优秀的企业其实首先要选择的是好的管理团队。这部分对应于费雪优秀企业15个标准中的第4、7、8、9、11、13、14、15条。

下面就这些标准逐条进行解析。

第4条，这家公司有没有高人一等的销售组织

换句话说，一个优秀企业的管理团队必须善于营销，首先要成为销售高手。他举道氏化学公司为例，这样一家注重研究专利的公司，"甄选、训练销售人员时，和甄选、训练化学家一样小心翼翼"。[1]

联想到中国的空调大王**格力电器**，掌门人董明珠从基层销售人员做起，建立了一套独立于其他企业的销售体系，几年之间，从一间小厂发展成为世界空调龙头企业，2015年更是进入世界500强企业，成为全球最大的家电企业。在这个过程中，董明珠超强的营销能力和独创的营销体系功不可没。可见，高人一等的营销组织能力确实重要。

第7条，这家公司的劳资和人事关系是不是很好

一家优秀的企业必然善待员工，那么这家企业的员工流动率就不会过高。但是企业毕竟不是慈善机构，不能成了养懒人的地方，所以好的企业也会保持一定的人员流失率，优胜劣汰。这个度在外人来看不好把握，但是观察企业，从他们基层员工的言谈举止中就可以看出端倪。一家好的企业，大部分员工一定是朝气蓬勃、积极向上的，这样企业才能有超强的凝聚力和战斗力，才能充满正能量。

同样以格力电器为例，前一段时间爆出不少新闻，很多公司包括一些跨国公司到珠海挖角，很多优秀的技术人才流失严重。这对企业来说，不能不说是有很大隐忧的，至少说明在有些方面激励做得并不好。格力作为一家国有企业，应该迅速探索并开展现代企业的合理激励方式，比如一些股权激励

---

[1] 费雪：《怎样选择成长股》，海南出版社，1999，第36页。

办法，让优秀的员工与企业的长期发展建立对应关系，减少人才流失。

第8条，这家公司的高级主管关系很好吗

管理层与基层员工的关系很重要，而高管之间的关系同样也十分要紧。大家都知道，如果一家企业经常处于一种窝里斗的状态，那这种企业一定搞不好。比如从2013年开始，**上海家化**便出现高层股东间的内斗，最后，平安信托作为第一大股东，强力罢免葛文耀董事长，从强生中国挖来新董事长上任。随后，管理层发生大动荡，甚至发生董事会上两派之间争抢话筒的闹剧。之后，虽然事态平息，但是这样的事情一定会对公司正常的生产造成影响，管理层之间的关系是否能理顺，需要长期观察。

相反，2013年7月，**金螳螂**突发黑天鹅事件，实际控制人朱兴良被抓，但是这样的事件并没有给管理层造成很大的影响。从始至终，金螳螂的管理团队对外都表现出团结一致，共渡难关的姿态。事实上，这样的危机很快就过去了，企业的抗风险能力会更强。

第9条，公司管理阶层的深度够吗

这个问题其实是指一个公司是否有好的管理梯队，也就是管理团队的建设问题。

我多年前供职的一家西部最大的都市报，当时就有着这样一种好的管理层级和梯队建设。优秀的人才很快便能够脱颖而出，同时，如果一旦有人员流动，也很快会有其他人员补位。其实，优秀的公司，都不是一个企业家在经营公司，而应该是一群企业家在同心协力共同应对激烈的市场竞争，这就是管理深度。

第五章
一本万殊：智慧家族的亲友团

第 11 条，是不是在所处领域有独到之处，它可以为投资者提供重要线索，以了解此公司相对于竞争者是不是很突出吗

其实对于每个行业的龙头公司，都必然有其独到之处。比如**格力电器**的专利技术特别强，成本控制能力令别的企业无法企及。又比如**伊利股份**董事长潘刚提出了打造全球供应链助推全球织网的战略，就是其他乳企没法做到的。再比如**光线传媒**，善于利用互联网进行电影营销，同时又建立起比较独特的阵地发行模式，提高排片率，扩大票房影响，在早期的发展壮大中发挥了重要作用。如果能够加强企业研究，从一家优秀的中小企业中，较早地挖掘出其行业独到之处，然后和它一起成长，投资效果当然会更好。

第 13 条，在可预见的将来，这家公司是否会大量发行股票，获取足够的资金，以利公司发展。现有持股人的利益是否因预期中的成长而大幅受损

这个问题其实是考验管理团队的资金分配能力。在对巴菲特的研究中可以看到，巴菲特是一流的资金分配大师，但是他反对用增发股票的方式来募集资金，因为他认为稀释股份侵害了老股东的权益。

费雪的看法则是，如果通过新发股票使企业有更大的升值和成长，则是成功的，但是"如果发行新股之后，普通股持有人的每股盈余只会小幅增加，则我们只有一个结论，也就是管理阶层的财务判断能力相当差，因此该公司的普通股不值得投资"。[1]

这当然是事后诸葛亮式的判断方法。事实上，中国股市中特别喜欢炒作增发的概念、题材，仿佛只要是公司增发，一定就会有好的表现。可实际情况是，很多增发带来的是价值毁灭，不过是一场恶意圈钱的游戏罢了。

---

[1] 费雪：《怎样选择成长股》，海南出版社，1999，第53页。

但是可悲的是，广大股民就像待宰的羔羊，面对着一些穷凶极恶的上市公司亮出的明晃晃屠刀，还在大声地叫好。

第14条，管理阶层是不是只向投资人报喜不报忧，诸事顺畅时口沫横飞，有问题或叫人失望的事情发生时，则三缄其口

第15条，这家公司管理阶层的诚信正直态度是否毋庸置疑

以上两条都涉及管理者的诚信和正直问题，我在前面几章已反复讲到这点，只要有任何诚信疑点（不要说是既成事实了），都要远离。

B. 竞争条件和前景

这部分是指企业在优秀的管理团队带领下，是否能为企业未来的发展积聚力量，更多地储备新的专利技术，研发新的产品，把握行业发展的趋势，从而保持竞争力，确保持续稳定的高成长。这部分对应于费雪优秀企业15个标准中的第1、2、3、12条。

下面就这些标准逐条进行解析。

第1条，这家公司的产品或服务有没有充分的市场潜力，至少几年内营业额能否大幅增长

费雪希望找到的成长型企业"不应以年为基础判断营业额有无成长，而应以好几年为一个单位。有些公司不只未来几年的成长可望高于正常水准，更长的期间内也可望如此"。[1]

他把这种数十年始终如一、不断有突出成长的公司分成了两类，一种是"幸运且能干"，另一种是"能干且幸运"。

---

[1] 费雪：《怎样选择成长股》，海南出版社，1999，第20页。

第五章
>> 一本万殊：智慧家族的亲友团

第一种他举的例子是美国铝业公司。公司的管理层有很好的眼光，正确预见到铝业将会有良好的商业用途，但是没有想到之后几十年，出现对铝制品强大的市场需求，令这家公司成为一个高速增长的行业，股价也涨了5倍；

第二种他举的例子是杜邦公司。杜邦公司原是生产炸药的公司，但是基于公司对化学产业的熟悉，所以很快开始生产很多高附加值的化学材料，成为一家伟大的化学公司。

费雪还举了摩托罗拉的例子。摩托罗拉最早是生产电视机的，但是在美国，电视机很快进入市场饱和状态，摩托罗拉利用自身的优势，进入到通讯和自动化设备领域，又实现了长时间的高速增长。

以上这些例子有一个共同的要求，就是企业的管理层要足够强，不管是踩准了行业大势，还是突破原有空间，寻找出一条高速增长的新路，都要求管理团队能干。

而要判断清楚这一点，对于普通投资者来说，难度已经很大。除此之外，还要求判断清楚管理团队能够带领企业踩准节奏或者杀出重围，这就更是难上加难了。

用费雪的标准来判断中国的上市公司，首先所有的中小创都先要排除在外，因为根本就没有那么长的历史数据来做印证，而没有历史数据的印证，就无法判断管理团队是否能干，当然就更谈不上幸运了。

目前中国的上市公司中，持续高增长的公司以**格力电器**为例，前些年顺势而为，坚持专业化和掌握核心科技，突出重围，成为幸运且能干的企业。现在空调市场随着中国人口趋势开始向下，房地产市场趋势放缓，势必进入到饱和状态。到这个阶段，正是考验格力电器是否能够成为"能干

价值投资路线图
格雷厄姆智慧家族的制胜之道 > >> >>>

且幸运"的企业。利用长期以来积淀下来的核心技术，格力是否能实现向高附加值的行业延伸，成为现在发展的关键。比如能否顺利进入智能家居领域，能否进入智能制造领域等等。这关系到格力电器是否能成为杜邦或摩托罗拉式的企业。

另外，以金螳螂为例，公司一直是公装行业的龙头，持续高增长，为股东创造了几十倍的收益。但是现在面临着同格力一样的成长烦恼。金螳螂利用互联网的趋势，用家装E站切入市场空间更大的家装领域，并顺势延伸到互联网金融、网上支付以及定制家装，这一步转型是否能成功，也关系到它是否能够成为一家"能干且幸运"的伟大公司。这些都需要密切观察。[1]

第2条，为了进一步提高总体销售水平，发现新的产品增长点，管理层是不是决心继续开发新产品或新工艺

这点看上去和第1条是重复的，但是费雪强调，这一点是看管理层对持续开发新产品是否有正面积极的态度，而不是故步自封。一个积极进取的管理团队，这一点基本不用太操心，他们绝对都是挖空心思，绞尽脑汁，想着法儿搞创新，推出新产品的。

可能更应该担心的是在这个过程中，存在着一些盲目开发的新产品，如果产销不对路，反而会拖累企业的发展。

第3条，和公司的规模相比，这家公司的研究发展努力，有多大的效果

这一点关键还是要看效果。很多企业的报表中，都会列示研发投入占销售收入的比例。但是看这些数据的意义不大。你很难判断这些研发费用

---

[1] 在最后修订稿件时，传出新闻称金螳螂与家装E站分手，独立出资准备重新做互联网家装。消息传出，金螳螂股价暴跌。这也说明转型之路是多么艰辛，而市场并不看好。未来成败与否，需要进一步观察。

是否真实投入到项目中,或者你也很难估计这个比例到底多大才合适。

以药品企业为例,为了研制一款新药,企业往往投入巨额的研发经费。一旦成功,就会产生高额利润,但是失败的概率也非常高。中国的药企一般都是在做抢仿,趁着国外大公司药品的专利期一过,马上争着抢着做仿制药。比如白云山,趁着美国辉瑞的万艾可刚过期,马上推出自己的伟哥产品——金戈,以博取高收益。这样做虽然没有前期大量的研发费用,但毕竟拾人牙慧,加之做抢仿的不止一家,收益率曲线必然只是平平。所以,目前绝大多数中国的药企都是资质平平的企业,虽然顶着所谓朝阳产业的帽子,但基本是一些化学公司,而非真正的生物制药公司,个中原因就是因为研制新药的成本太过高昂,风险实在太大,根本无法承受。

可是,如果不慢慢加大投入生产原研药,中国的企业就永远处于生产链的末梢,所以近几年,中国的药品龙头开始选择了一条原研和抢仿并重的发展路径,逐步加大了研发投入。比如医药行业的龙头企业**恒瑞制药**研发生产的抗癌药,已经成功卖到美国市场。所以,一家公司的研发确实重要,它代表着未来的话语权,但是多说无益,关键还是要看最后的效果如何。像恒瑞制药这样的案例,就说明前期研发费用没有打水漂。

再如**格力电器**,董明珠一直说,格力对研发费用无上限。这样的说法意义不大,投入并不必然代表着产出。格力先期投入的巨额研发费用,到现在这个关键时点才真正面临着考验。比如对于光伏中央空调的研制,在全世界也是首创,号称"不用电费的空调",但是研制出来有没有市场,是否适销对路,能否为格力电器未来的高成长打下新的基础,需要拭目以待。

第12条,这家公司有没有短期或长期的盈余展望

对于一家前景长期看好的公司,当然注重的一定不是短期赢利,而是能够把眼光放长远，长期稳定的发展。中国的上市企业中，大多数都有着粉饰报表的习惯。为了把当前盈余做好看，不惜寅吃卯粮，东拼西凑。

所以很多企业会突然出现业绩暴增的情况，但细看其财报，会发现很多利润来自非经营性损益。对于这样的企业，国内很多投资人是把它归入成长型公司的，这显然也是对于费雪的误读。

C. 产量、价格和成本的可能变化

这部分是最实在的，也是前两部分的结果。企业在优秀团队带领下，保持行业竞争力，最后带来的是产量的稳步增长，价格上有足够话语权，成本控制到位，从而使利润率在行业内保持领先。这就是一家长期的现金牛公司，也是巴菲特希望买入并长期持有的优秀公司。这部分对应于费雪优秀企业15个标准中的第5、6、10条。

下面就这些标准逐条进行解析。

第5条，这家公司的利润率高不高

这个问题很简单，翻开过往几年的年报，一查便知。按照费雪的观点，"历史较悠久和规模较大的公司，真正能够让你的投资赚大钱的公司，大部分都有相对偏高的利润率。通常他们在业内有最高的利润率"。[1]

通常不同行业间的利润率相差悬殊。比如医疗行业，利润率就奇高无比，而家电行业利润率则一般，商超行业利润率就低得可怜。

所以利润率最好在行业内进行比较。比如**恒瑞医药**，在医疗行业内的利润率就名列前茅，一直以来**格力电器**在空调行业内的利润率就是最高的，

---

[1] 费雪：《怎样选择成长股》，海南出版社，1999，第38页。

而**永辉超市**的利润率很低,但在商超行业内算比较高的。

不过,对利润率下降的情况也要具体问题具体分析。费雪认为,一家企业如果为了获得高成长,比如研发、促销等,导致利润率较低,这样的公司反而是绝佳的投资对象。但是,要判断清楚这样的研发和促销行为是否能带来良好的效果,这又是一道难题。

第6条,这家公司做了什么事,以维持或改善利润率

刚才讲到的是看一家企业利润率的历史,现在则要讲如何推断一家企业利润率的未来。"对投资人来说,重要的不是过去的利润率,而是将来的利润率"[1]。

一般来说,一家企业的成本是在不断上涨的,比如人工工资,必然每年要有一定的增长,原材料价格虽有起伏,但总体上也是在上升。那么对于企业来说,要提高利润率,要么是提高价格,要么是在扩大收入规模的基础上,努力控制成本,或者依靠创新,生产出利润率更高的新产品,除此以外,别无他法。

我们分析一家企业未来几年的利润率是否会上升,可以依照这三条线索来进行摸底调查。仍旧以**格力电器**为例。这几年空调行业面临着市场日趋饱和的压力,库存加大。格力面对着**美的、海尔**的强力进攻,市场份额在流失。为此,2014年格力电器率先降价促销,以争夺市场份额。在这种情况下,想依靠涨价拉高利润率显然不可能。但是格力电器2014年的利润率不降反升,说明在其他方面的工作做得很出色,比如控制成本。董明珠曾举例说格力这么大的企业打印文件都必须双面,以节约办公成本,这

---

[1] 费雪:《怎样选择成长股》,海南出版社,1999,第38页。

反映了企业强烈的成本控制意识。

但是这还不是最关键的，最关键的是格力的人力成本持续下降，企业人员持续减少，但收入规模却大幅增长，也就是说，"单位面积产量"大大提高，用更少的人创造了更大的价值。这是怎么做到的呢？部分原因在于格力很早就开始用机器人生产线代替人工，为此格力专门成立了智能机器研究院，希望能更进一步降低人工成本。同时，格力通过内部培训，把一些低层的员工培训成为技术工人，也解决了企业的升级发展和员工的归属感问题，可谓是一举多得。另外，通过一些新产品的研发来提高利润率。中央空调的利润率就比较高，但是光伏中央空调能否打开销路，现在还不好说，智能家居产品则还在概念阶段。当然，在这个急剧变革的时代，这些做法是否就能获得最后的成功，谁都不敢断言，但至少可以看到一家企业为改善利润率，正在做大量的工作。

第10条，这家公司的成本分析和会计记录做得如何

这一点其实依然是对管理层的考验，实际上是看一家企业 CFO 和 CEO 共同的能力问题。作为财务总监，要能把报表做好，真实反映出企业每一个具体项目的真实成本和收入，为公司进行成本分析提供科学的决策依据。如果基础数据经常不准确，那么控制成本可能就变成了一句空话。所以，对于上市公司中经常提示财务数据有纰漏的公司，最好保持一些警惕。

以上便是费雪被人津津乐道的寻找优良普通股的 15 个要点，其实这也是格雷厄姆的路线图中，对企业未来价值因素的三大判断方向。在格雷厄姆看来，这属于理性投机部分。因为不管分析多么细致，涉及对未来的判断，都要千万小心。

费雪的理论在于提炼出优秀企业的评价标准。他提出的这些标准，当

第五章
>> 一本万殊:智慧家族的亲友团

然很合巴菲特的胃口,比照前文巴菲特对优秀企业的选择,其实大方向上没有什么不同。

费雪对巴菲特投资优质企业理念的形成有一定的影响,巴菲特在致股东信中也两次提到过费雪,但也仅此而已。很多人认为费雪是巴菲特的第二任导师,我看有很多臆想的成分。

通过以上分析,我们也发现,费雪对成长股的评定有很多是事后诸葛亮式的判断。大家使用这些方法时,一定要对自己的能力进行评估,不要盲目跟风,囫囵吞枣,生搬硬套。

前文提到,费雪的投资逻辑认为,购买便宜货与购买成长股的业绩比起来,"实在是小巫见大巫"。他的这些话是在1957年写的,但是从实践结果来看,施洛斯、布朗等人严格按照格雷厄姆投资路线图中的投资部分行事,专门买入低价股,业绩也同样非常出色。所以,在格老的投资体系内,具体怎么做还是要根据自己的能力和风格来定。

另外,费雪在对成长股的挖掘中,提出了"闲聊法",就是尽可能去和业内人士,尤其是企业内部人士聊天,在闲聊中发现企业的真实情况,以确定投资标的。

这在格雷厄姆看来是不可行的。前文也讲过,施洛斯就是严格按格老的指示办,从来不去走访上市公司,只从报表和数字中发现投资机会,因为他们都认为普通投资者很难接触到企业的核心成员,很难接触到业内高层面的人员,很难从他们那里打听到真正有价值的东西。

不过,随着时代发展,现在进入高度互联的自媒体时代,我倒觉得费雪提出的闲聊法,放在今天有非常大的价值。对于普通投资者而言,可以通过关注微博、微信,通过各种社交媒体,广泛搜集企业信息,再去伪存真，过滤掉大量的噪音，从而获得真正有价值的信息，这为我们寻找费雪似的成长股提供了更好的条件。

林奇：从身边小事发现十倍股

林奇在智慧家族中应该占有重要的地位，不在于他的投资业绩有多突出，也不在于他的理念是否有独到之处，根本在于，他的两本著作——《彼得·林奇的成功投资》和《战胜华尔街》，用深入浅出的文笔，为普通投资者提供了真正可学可用的投资方法。

他说写书的目的就是"为了鼓励个人投资者的信心，并向他们提供基本的投资知识"，[1] 这一点他做到了，功莫大焉，善莫大焉。

引言中我曾提到，他的很多观点，对我有振聋发聩的功效。我也了解到，由于他的著作生动形象，易懂易学，很多中国投资者视之为启蒙读物。

林奇的投资理念与诸位大师高度一致，比如，他对股市如赌局的描述。

2008年我在读到林奇的著作之前，总提醒自己不能用赌博的心态来做投资，而那时恰恰就完全像是一个输红了眼的赌徒，甚至连赌桌上是什么牌都没看清，就胡乱下注。

对此林奇说："对于我来说，投资不过是一种能够想方设法提高胜算

---

[1] 彼得·林奇：《彼得·林奇的成功投资》，机械工业出版社，2009，千禧版序言。

第五章
>>> 一本万殊：智慧家族的亲友团

的赌博而已"；"你永远无法确定将要发生什么情况，但是每一次出现新情况——例如收益大幅提升，出售赔钱的子公司，公司正在开拓新市场等——就跟正在翻开一张新牌一样。只要这些新的情况就像新翻开的牌一样表明你的胜算较大时，你就应该继续持有这些公司的股票，就像你继续持有一把好牌一样"；"那些持续赢钱的人在自己牌的赢面变得更大时会增加赌注。一旦出现局势不利于他们时，他们就会主动认输出局；而那些持续输钱的人，则会不管赢面大小都下注，盼望奇迹出现，使他们能够享受到打败对手的快感，结果却只是一次又一次痛饮失败的苦酒。梭哈扑克牌[1]，和在华尔街投资一样，奇迹出现的次数刚好让那些输钱的人不会死心总想翻本，一赌再赌一输再输"；"股票投资已经成为值得一试身手的赌博，前提是你要懂得如何正确地来玩这种游戏。投资股票……更类似于70张牌的梭哈扑克游戏，或者说如果你同时持有10只股票，就类似于同时在玩10个70张牌的梭哈扑克游戏"。

我恍然大悟，原来股票投资是需要一些赌性的。因为投资从来就不是一个纯粹科学的门类，如果那样，只需要一台电脑，岂不是人人都可以战胜市场？实际上这是很荒唐的。

这正是格雷厄姆提到的定量分析和定性分析。定量分析更像是我们所说的科学部分，是可以用数据来完成的，而定性分析则更多的是一种艺术、直觉、运气，或者说是，赌！

不过，在赌局中一定要坚守赌的原则，始终关注牌面，找出大概率的机会，并增加赌注，而一旦牌局出现不利的局面，则要主动认输出局罢了。

---

[1]扑克游戏的一种。以五张牌的排列组合、点数和花色大小决定胜负。

价值投资路线图
格雷厄姆智慧家族的制胜之道 » »» »»»

前文也提到，巴菲特、芒格等大师都曾将投资比作牌局或赌马。

还有林奇对技术分析派的幽默论述。我也曾经天天研究K线图，梦想着找到一种参透趋势的灵丹炒药。而林奇说："一种趋势线已被击破……股票被超卖等，这些说法同样也混淆了因果关系。每次我听到诸如此类的理论时，总会想起过去人们认为是鸡叫让太阳升起的愚蠢说法。"

是啊，电视、电台、互联网上充斥着大量的证券分析师，天天煞有介事地对着一张张无比高深莫测的图表，什么KDJ、什么MACD，什么金叉，什么柱状放长缩短等。对这些满嘴唾沫飞溅的技术神人，我的敬仰之情也曾如滔滔江水，唯一的原因就是听不懂。

细想一下，如果这些人靠10日均线、20日均线就能预测股市走向，他们还需要坐在这里侃侃而谈吗？那投资发财不是一件再简单不过的事情了吗？前文也提到，格雷厄姆把这些技术派归为对市场的分析，他并没有全面否定市场分析的方式。他只是认为，这种操作方法要求有超强的心理素质和极其敏锐的市场感觉，但是，这些素质是很难测算的，因此，运用图形分析也就同样意味着风险难控。

还有，我曾经听很多人警告，说必须要设好止损点，炒股不止损，就要做好倾家荡产的准备之类，但是林奇的说法则是"如果一只股票的价格下跌时，公司的基本面仍然良好，那么你最好是继续持有它，而比这更好的做法则是进一步买入更多的股票"；"如果你不能说服自己坚持'当我的股票下跌25%时我就追加买入'的正确信念，永远戒除'当我的股票下跌25%我就卖出'的毁灭性错误信念，那么你永远不可能从股票投资上获得什么像样的回报"。

回想自己当年痛楚的投资经历，不幸被他言中。我曾苦恼于将止损点设在什么样的位置，5%，10%，20%？好像都有问题。5%、10%明显不具备操作性，因为只要有一点波动就要卖出股票。而我又一再经历当股票跌破20%后果断止损，股价却翻身向上、一去不回头的羞辱。前文也提到，格雷厄姆对所谓的"截断亏损，让利润奔跑"同样是否定的。

除了以上一些格雷厄姆智慧家族共有的理念以外，这里重点要讲的是林奇如何从身边小事中发现10倍股的投资线索，并如何判断投资机会的。

林奇把一个完整的投资过程比喻为一个动听的故事，从故事的开头（如何发现投资的线索），到对故事进行分类（将股票进行分类），再到进一步展开故事的细节，以猜测故事的结局（对股票的具体细节进行评估）。下面我就从这三个方面讲一下林奇引人入胜的投资故事。

1. 故事的开头：如何找到好的股票

林奇说，寻找10倍股的最佳地方就是从你家附近开始。他的意思是指，在你的生活周围，其实有着大量的上市公司。你正在使用着他们的产品，你可以听到很多人对这些产品的评价，甚至可以直观地感受到这些产品是畅销还是积压。

一个人的生活圈、工作圈、社交圈和能力圈有着很多的交织，而其中离不开许许多多优秀的企业，包括很多上市公司，于是，你可以就近找到很多这样的投资线索。

他举了很多例子，甜甜圈公司、斯巴鲁、麦当劳、肯德基、葛兰素史克等等。每个人都可以在生活圈里发现自己的能力圈，再从能力圈里找到最熟悉、最应该介入的投资机会。

他以自己为例，作为优秀的基金经理，没有谁比他更熟悉如何投资基

价值投资路线图
格雷厄姆智慧家族的制胜之道 > >> >>>

金公司的股票了，但是他偏偏错失了一只大牛股——Dreyfus基金公司。该股从1977年的40美分，上涨到1986年的接近40美元，9年时间上涨了100倍。

"每一次当我看到Dreyfus公司的股票走势图时，它都会提醒我牢记我一直在告诉别人的投资建议：购买自己所了解的公司股票。我们每一个人都不应该再让自己熟悉的行业中的投资机会从我们眼皮底下白白溜走，我自己再也不会犯这种错误了。1987年市场大跌，再一次给了我投资Dreyfus基金公司股票的机会，而我这次牢牢地抓住了"[1]。

我们的生活中同样隐藏着大量这样的投资线索。比如有一段时间，你会发现街上跑着的车不再全是外国货，中国的**长城汽车**、**比亚迪**也时常在你身旁穿梭；你去逛超市时会惊奇地发现，沃尔玛、家乐福也会大量关店，而身边却开出一家又一家**永辉超市**；在超市中你会发现，**伊利牛奶**、**安琪酵母**正成为你的生活必需品；天气热了，你会想到**格力空调**、**美的空调**；装修新房时，你会用到**老板电器**、**索菲亚衣柜**；给孩子买学习用具时，你会买到**晨光文具**；运动健身时，你可能用到**探路者**的产品；运动损伤时，首选的是**云南白药**；想娱乐一下，可能会走入**万达院线**，坐下来，荧幕上正在放映着**华谊兄弟**或者**光线传媒**的电影。

确实，现在上市公司已经占领了我们的日常生活，我们需要的是敏锐地把握到最初的机会，以合适的价格买入。比如我们经常听到冯小刚、葛优的大名，但是在**华谊兄弟**上市时，我们却不知道买入拥有这些明星的公司，错过了华谊；当一部小成本制作的《泰囧》勇夺中国电影票房冠军时，

---

[1] 彼得·林奇：《彼得·林奇的成功投资》，机械工业出版社，2009，第85页。

第五章
>>> 一本万殊：智慧家族的亲友团

你可以从容地买入**光线传媒**。

但是对于很多个人投资者来说都没有这么做，那么大家在做什么呢？芒格说："伯克希尔历史上最严重的错误是坐失良机的错误。我们看到了许多好机会，却没有采取行动。这些是巨大的错误——我们为此损失了几十亿美元。到现在还在不断地犯这样的错误。我们正在改善这个缺陷，但还没有完全摆脱它。这样的错误可以分为两类：（1）什么也不做，沃伦称之为'吮吸我的大拇指'；（2）有些股票本来应该买很多，但是只买了一点。"[1] 面对很多好的机会，很多人正是在"吮吸我的大拇指"。

这里讲一个我的真实案例。2012年底，我去考察一个同行企业——南京**三六五**网站。也许是同业的关系，这家网站的成长经历我一直很关注，后来他们居然在创业板上市了。于是，我去学习考察。

有三个现象给我留下了深刻印象：（1）在南京他们俨然是"地头蛇"，搜房被他们打得很惨；（2）办公条件很差，公司总经理邢炜的办公室可用斗室来形容，多进来几个人就转不开身；（3）团队年轻有朝气。我和他们各个层面的员工聊天时发现，他们都充满了创业的理想和激情。让我印象最深刻的是，董事长胡光辉在请我们吃饭时，看了看手机，叹了口气说，今天股价又跌了，当天该股股价在30多元。之后不久，股价开始飙升。不到三年的时间，公司股票的复权价达到300元以上。这就是发生在我身上的一个"吮吸大拇指"的真实故事。

当然，以上讲到的身边事，都不过只是提供了投资线索而已。"无论你是怎样注意到一家公司股票的，不管是在办公室、在购物中心、吃了某

---

[1] 查理·芒格：《穷查理宝典》，上海人民出版社，2010，第128页。

价值投资路线图
格雷厄姆智慧家族的制胜之道 > >> >>>

样食品、购买了某件东西,还是从你的经纪人、岳母,甚至是伊万·波斯基的假释官那里听到的消息,你都不应该将这种发现看作是一个股票买入信号……到此为止,你所了解的信息只不过是一个需要进一步展开的故事开头而已"。[1] 接下来,你要对你的故事大致分一下类了。

2. 故事的分类:6种类型公司股票

就像所有的故事都可以分成诸如喜剧、悲剧、恐怖剧等一样,林奇把股票分为6种类型:缓慢增长型、稳定增长型、快速增长型、周期型、困境反转型、隐蔽资产型。

林奇认为,不同类型的股票应该区别对待。投资方法不同,风险不同,收益预期也应该不同。

林奇主张的是应该尽可能找到快速增长型股票进行投资,这样才能抓到10倍的大牛股。当然,快速增长型公司往往处于发展的早期,规模尚小,行业地位尚不稳固,最后能否脱颖而出,也有很大的不确定性。关于这点,应该和费雪对于公司的系统性研究结合起来看,尽可能缩小范围,提高命中率。

另外,兵无常势,水无常形,也不能守株待兔。情况是变化的,一家公司不可能永远属于一种类型。"快速增长型公司的发展过程,就像人类本身的生命周期一样。早期生龙活虎激情无限,但后来精力逐渐耗尽慢慢衰老"。[2]

快速增长也会慢慢变成稳定增长,甚至变为缓慢增长,也不排除遇到

---

[1] 彼得·林奇:《彼得·林奇的成功投资》,机械工业出版社,2009,第87页。
[2] 彼得·林奇:《彼得·林奇的成功投资》,机械工业出版社,2009,第111页。

困境,持续下滑,最后可能困境反转,也可能万劫不复。

再以**格力电器**为例,从上市至今已增长千倍,可以说经历了快速增长。但是到了近几年,由于规模扩大,行业空间有限,已经变成一家稳定增长型公司。然而,与国际大企业相比,格力电器的规模也不能算很大,随着中国走出去战略和制造业的转型升级,格力完全有可能再次找到成长的空间,重新转变为一家快速增长型公司。但是,市场是残酷的,如果在竞争中败下阵来,也完全有可能成为一家缓慢增长型公司,甚至一落千丈,成为一家经营困难的企业。在这个过程中,我们只有依靠格雷厄姆家族的智慧,抓住大概率,勇于做出方向性的判断了。所以说,"股票投资是一门艺术,而不是一门科学"。

将收到的股票线索进行分类,有利于我们对不同类型的公司采取不同的投资策略,"分析一个公司的股票就像分析一个故事一样,将股票分类只是分析公司股票的第一步。现在,至少你已经知道了故事大致属于什么类型,下一步就是了解各种细节,以帮助你猜测这个故事的未来到底会如何"。[1]

3. 故事的细节:该买入怎样的公司

林奇在《成功投资》一书中提出了13条选股准则,又讲到了他避而不买的6类股票。在《战胜华尔街》一书中,则提到25条股票投资黄金法则。这些说法都非常精彩,和格雷厄姆、巴菲特、芒格、费雪等人的观点也是大同小异,都是价值投资的至理名言。

至于具体到如何对股票进行合理的估值,林奇最看重的还是收益。《彼

---

[1]彼得·林奇:《彼得·林奇的成功投资》,机械工业出版社,2009,第114页。

得·林奇的成功投资》第 10 章的标题是《收益、收益、还是收益》。同资产相比，他更看重赢利能力，因此他对市盈率着墨较多。

他倒不主张一味买入低市盈率股票，而主张具体问题具体分析。按对股票的分类来说，"缓慢增长型公司的股票市盈率趋于最低，而快速增长型公司股票的市盈率趋于最高，周期型公司股票的市盈率则介于两者之间"。[1]

但是不管怎么样，不能买入过高市盈率的股票，"拘泥于市盈率固然很傻，但是完全不理睬市盈率也不应该"，"千万不要买入市盈率特别高的股票。只要坚决不购买市盈率特别高的股票，就会让你避免巨大的痛苦与巨大的投资亏损"。[2]

那什么样的市盈率才算合理呢？他的观点是"任何一家公司股票如果定价合理的话，市盈率就会与收益增长率相等"，"一般来说，如果一家公司的市盈率只有收益增长率的一半，那么这只股票赚钱的可能性就相当大；如果股票市盈率是收益增长率的两倍，那么这只股票亏钱的可能性就非常大"，"这样你除了用公司市盈率与行业平均市盈率进行比较来判断股价是否高估外，又多了一种用市盈率与收益增长率比较，来判断股价是否高估的办法"，"你真正要找的是公司收益增长率相当于市盈率的 2 倍或者更高的股票"。[3] 这就是著名的 **PEG 指标**（市盈率相对赢利增长指标）。

---

［1］彼得·林奇：《彼得·林奇的成功投资》，机械工业出版社，2009，第 160 页。

［2］彼得·林奇：《彼得·林奇的成功投资》，机械工业出版社，2009，第 161 页。

［3］彼得·林奇：《彼得·林奇的成功投资》，机械工业出版社，2009，第 196 页。

第五章
>>> 一本万殊：智慧家族的亲友团

> **小贴士**
>
> PEG指标（市盈率相对盈利增长比率）是用公司的市盈率除以公司的赢利增长速度。PEG是彼得·林奇发明的一个股票估值指标，是在PE（市盈率）估值的基础上发展起来的，它弥补了PE对企业动态成长性估计的不足。当时他在选股的时候，就是选那些市盈率较低，同时它们的增长速度又比较高的公司，这些公司有一个典型特点就是PEG会非常低。其计算公式是：PEG=PE/企业年盈利增长率。

用这样的观点来看一下上文提到的三六五网。当我在吃那一顿难忘的午餐时，它的股价在30多元，市盈率不到30倍，而收益增长率大概可以达到50%，再加上它的总股本仅有5000多万股，市值只有15亿多，这真是一只袖珍绩优股。但是当它的市盈率很快突破100倍后，收益增长率却并没有显著提高，相反还略有下降。以林奇的观点来看，现在显然是过于高估了，亏钱的风险就很大了。

除了市盈率以外，林奇依次分析了现金头寸、负债、股息、账面价值、隐蔽资产、现金流量、存货、收益增长率、税后利润等一系列重要的财务分析指标。他的一些观点具有直接的指导意义，在做基金经理这么多年的时间里，他就是这么干的。

比如在谈到自由现金流量时，他说："如果你发现一只股票为每股20美元，而每股现金流量为10美元，那么你应该把房屋进行抵押借款，把你所有的钱都押到这只股票上，能买多少买多少，这种情况下大赌肯定能

价值投资路线图
格雷厄姆智慧家族的制胜之道 > >> >>>

够大赢。"[1]

在谈到增长率时说:"高收益增长率正是创造公司股票上涨很多倍的大牛股的关键所在……所有一切都建立在公司收益以复利方式快速增长的基础之上。"[2]

总之,对于具体的选股方法,万变不离其宗,都要考虑收益、资产、股息率、增长率、现金头寸及流量等因素,只是林奇的表述更加直接,更具有操作性,也更易于接受。不过,在具体运用过程中,也需要灵活掌握,综合评估。还是格雷厄姆的那句话,要找到"用非常有利的定性因素支撑充分的定量分析"的股票才放心!

还有一个问题,林奇在两本书中都反复强调——定期重新核查公司分析。记得前文提到格雷厄姆讲到一个非常麻烦的问题,就是当投资者买入一家低估的公司后,由于要等很长时间才会价值回归,在这么长的时间里,很可能会出现一些新的情况,导致当初做出投资决定所依据的事实和理由,可能已经不再适用。

林奇注意到了这种风险,他提出的解决方案就是定期重新体检。如果买入股票后,不能因为形势的变化而及时做出投资决策的调整,可能会面临着很大的风险。所以他主张每隔几个月就重新核查公司的基本面情况。特别对于快速增长型公司,必须随时保持警惕,始终要问问自己,这种公司如何才能保持收益继续快速增长。

对于这样的做法,林奇比喻为"就像玩梭哈时看看摊开了什么新牌一

---

[1]彼得·林奇:《彼得·林奇的成功投资》,机械工业出版社,2009,第214页。
[2]彼得·林奇:《彼得·林奇的成功投资》,机械工业出版社,2009,第220页。

第五章
>> 一本万殊：智慧家族的亲友团

样"。[1] 如果打牌却不随时关注牌面的变化，你就会很危险。

这让我想起了一批自称为价值投资的忠实拥趸们。他们认为只要买入像**贵州茅台**这样的公司就一定是价值投资了。既不管它的价格是否涨得过高，也不管它的高增长是否和中国的畸形消费有关，甚至对于新出台的"八项规定"也视而不见。像这样不能定期小心翼翼地检查持有股票的做法，恐怕从格雷厄姆、巴菲特到林奇，都是不会赞同的。

至此，林奇的选股故事就讲完了。从发现故事线索，到对故事类型进行划分，再到把握故事的细节，以便把故事讲好，林奇手把手地教导了一番，剩下的事情就是去寻找我们各自动听的投资故事了。前文多次提到的**金螳螂**，就是我第一次按这种方法找到的好故事。

金螳螂的成功经历也让我信心大增。之后，按照林奇的方法，我进行过多次成功的投资，比如看过了《泰囧》后，果断买入**光线传媒**。又在儿子的提醒下，[2]发现身边遍布的**红旗连锁**超市，在价格很低时买入，这些投资很快都获得了翻倍的收益。

---

[1] 彼得·林奇：《彼得·林奇的成功投资》，机械工业出版社，2009，第223页。
[2] 我的儿子在初中时就读了林奇的两本书，他也养成了在身边发现好的投资机会的习惯。他曾经问我，专卖文具用品的晨光是不是上市公司，他和同学们都在用它的产品。当时晨光文具尚未上市。我发现，中国的家长特别重视孩子的教育，但是却往往忽视孩子的财商教育。林奇著有《彼得·林奇教你理财》，是写给美国的高中生看的，也推荐给中国适龄的孩子们阅读。

邓普顿：坚持逆向投资策略

约翰·邓普顿（1912—2008）是邓普顿集团的创始人，一直被誉为全球最具智慧以及最受尊崇的投资者之一。福布斯资本家杂志称他为"全球投资之父"及"历史上最成功的基金经理之一"。2006年，他被美国《纽约时报》评选为"20世纪全球十大顶尖基金经理人"。约翰·邓普顿在1994年2月说过一句被广为传颂的名言："牛市在悲观中诞生，在怀疑中成长，在乐观中成熟，在兴奋中死亡。最悲观的时刻正是买进的最佳时机，最乐观的时刻正是卖出的最佳时机。"[1] 这句话正是逆向投资最经典的口号。

在前文中已经提到，格雷厄姆在他的投资体系里曾提出了一个精彩的"击败股市的经典方法"——逆向投资法，但同时也反复强调，要想成功运用逆向投资法却十分困难。因为这不但需要有坚毅的性格，以便能与众不同地思考与行动；同时还需要超强的耐心，以等待数年后才可能出现的机会。而邓普顿正是运用这种逆向投资策略的典范。

邓普顿在《邓普顿教你逆向投资》一书的序言中说："虽然可用的投资方法众多，但让我获得巨大成功的方法却是，购买价格远远低于其内在价值的股票。我的整个投资生涯就是在世界范围内搜寻能够买到的最佳低价股。"

该书第一章中说，邓普顿经常会被划到价值投资的行列中去，而他

---

[1] 邓普顿：《邓普顿教你逆向投资》，中信出版社，2010，第21页。

第五章
> >> 一本万殊：智慧家族的亲友团

在投资过程中，也的确运用了格雷厄姆早期的投资方法，只不过"他最后把那些已被奉为金科玉律的著名方法又发扬光大了"。

其实，价值投资的基本策略——寻找被低估的股票，坚持低买高卖的策略，本身就是一种逆向思维。这种思维要求努力淘到便宜货，买入冷门股，并且用足够的耐心等待价值回归。所以，他的方法与格雷厄姆智慧家族中的各成员并无根本不同，尤其是与施洛斯和布朗更为近似。他只是在具体操作策略上把这种逆向思维"发扬光大"了。

《邓普顿教你逆向投资》一书中介绍了1997年邓普顿投资低迷的韩国股市的案例。在接受《华尔街日报》的采访时，邓普顿说："在我一生的投资生涯中，我总是尽量在极度悲观点时刻买入……韩国国内的悲观情绪在最近几个月已经极为强烈了。"[1]

对此，该书的评价是：大多数时候，普通投资者与伟大投资者之间的区别，不在于他是否是个天才的选股高手，而在于他是否愿意买下其他人不要的股票。那么，这些股票为什么没人要，为什么大多数人都弃之如敝屣？一定是因为出现了灾难性的原因，造成了人们极其恐慌的心理。

邓普顿在职业生涯中，经常提到的一句话是"街头溅血是买入的最佳时机"，就是指的危机造成恐慌，而"要使自己的投资方法和投资结果都高人一筹，一个重要的方法就是利用市场的恐慌"。[2]

这样的恐慌状态可以分为国家恐慌、行业恐慌和个股恐慌。

国家恐慌。一国股市长期低迷，陷入极端的熊市之中，人人避股市唯

---

[1] 邓普顿：《邓普顿教你逆向投资》，中信出版社，2010，第176页。
[2] 邓普顿：《邓普顿教你逆向投资》，中信出版社，2010，第148页。

价值投资路线图
格雷厄姆智慧家族的制胜之道 >> >>>

恐不及,正是一种国家恐慌的表现形态。另外,突发性灾难事件,如地震、恐怖袭击等等,也容易造成国家级恐慌。

这种时候,往往大量优秀的公司股价会被低估,而这正是逆向投资者梦寐以求的大好机会。比如邓普顿在日本、韩国股市的投资,正是在其长期持续低迷时介入,取得了超值的回报。

当大多数美国媒体都在疯狂渲染9·11恐怖袭击对经济沉重的打击时,邓普顿对媒体发表评论说:"这次恐怖行动不可能再出现一次,所以不会对消费者和世界经济造成长远影响。"[1]他用大量买入再一次实践了逆向投资。而众所周知,在9·11事件后,巴菲特也趁机大笔买入了美股。

在中国的股市中,这样的国家级恐慌也时有发生。比如在我1996年刚进入股市后不久,邓小平同志去世,第二天沪深股市暴跌。之后,中国股市走出一波小牛市。

又如2013年,中国股市已经历了长达5年的漫长熊市,大量的股票被低估,沪指几度击穿2000点。当时无论是创业板还是蓝筹股,都有着巨大的投资机会。当我和一些朋友提到股票投资时,他们都会用非常奇怪的眼神看着我,仿佛投资股市就如同做贼一样。他们都会异口同声地说:股市你也敢进?这更坚定了我重仓持股的信心。但是到了两年后,当沪指已冲上5000点时,这些朋友却都急不可耐地借钱融资入市了。

行业恐慌。有些行业有时候会被突发事件所袭击,造成行业板块各股票的全线暴跌。碰到这种情况时,一定要保持异常清醒的头脑,冷静分析

---

[1]邓普顿:《邓普顿教你逆向投资》,中信出版社,2010,第157页。

# 第五章
>>> 一本万殊：智慧家族的亲友团

行业内的各家公司，思考突发事件对其实质性的影响到底有多大？如果并没有实质性影响，仅是造成暂时的恐慌，并带来股价的大幅下挫，则可能给我们提供了千载难逢的买入良机。

比如9·11事件发生后，邓普顿正在努力寻找"前景最糟糕的地方在哪里"[1]。最后，他找到了航空板块，并挖掘出8只满足低市盈率标准的股票，然后给经纪人发出指令：在9月17日股市恢复交易的时候，只要8只股票中任何一只一天内的价格下跌50%，就立即买入。最后有3只成交。6个月后，邓普顿卖出了这些航空股票，获利不菲。

中国股市中这样的例子也不胜枚举。比如2008年给中国乳品行业造成沉重打击的"三聚氰胺"事件。事件发生后，**伊利股份**也不能幸免，股价暴跌。但是仔细分析，虽然**伊利**、**蒙牛**这样的乳业巨头也被事件牵连，但却没有遭到致命的损伤。相反，这次事件迫使中国乳品行业加快了规范发展的速度，并加快了行业整合。到2014年，**伊利股份**已进入全球乳业十强，这在亚洲也是唯一一家，而且伊利的股价早就上涨了十几倍。

个股恐慌。 个股恐慌的事情在股市中随时都在发生。有些是突发"黑天鹅事件"的利空袭击，造成股价急跌。有些则是公司暴露出一些问题，引发了极大的负面情绪。对于这些情况，也要具体问题具体分析。

对于邓普顿来说，"希望买的是那种在股市中已经暴露出问题的公司的股票"[2]，关键是这些问题是不是根本的问题，对于企业有没有致命的

---

[1] 邓普顿：《邓普顿教你逆向投资》，中信出版社，2010，第160页。
[2] 邓普顿：《邓普顿教你逆向投资》，中信出版社，2010，第29页。

价值投资路线图
格雷厄姆智慧家族的制胜之道 > >> >>>

打击。如果问题只是暂时性的，而短视的人大量抛出时，这就是绝佳的时机。

在二次世界大战前，邓普顿"专门购买那些已经（处在）破产边缘公司的股票"[1]，比如对密苏里太平洋铁路公司的投资，就被视为经典案例（其实这一点，就是林奇所归纳的困境反转型投资机会）。

这样的例子在中国股市中也是俯拾即是。比如前文提到的**金螳螂**。2013 年 7 月，公司实际控制人朱兴良突然被捕，导致股价暴跌。但是仔细分析，金螳螂很早之前就已经建立了职业经理人团队，公司治理结构完善。而朱老板被捕，对公司的具体经营业务并不构成非常大的影响。但是受负面消息影响，金螳螂股价一路向下，最低跌到 12 元多，动态市盈率仅有 10 倍，创该公司上市后的最低纪录。但此后金螳螂快速反弹，并创出了上市后的股价新高（复权价）。[2]

当然，在个股恐慌的案例中，要特别小心那些不诚信的企业，如果是因为不诚信造成的股价下跌，不管最后是什么情况，最好远离。

对于像邓普顿这样专门捕捉逆向投资机会的人，他们总是耐心等待着

---

[1] 邓普顿：《邓普顿教你逆向投资》，中信出版社，2010，第 41 页。
[2] 前文提到，股灾发生后金螳螂股价一路走低，从 2015 年金螳螂的三季度报表中可以看出，受整个宏观经济形势影响，公司出现了收入下滑、利润增长乏力和应收账款激增的情况，在经营的基本面上发生了一些不利的变化，尤其是在对家装 E 站的投资实质性失败后，股价更是进一步暴跌。在此时，要善于运用林奇的方法，持续关注牌桌上不断翻开的新牌，密切观察公司在定量与定性因素上的变化。既不能因为一时的经营困难，彻底否定一家优秀的企业，也不能盲目乐观，忘掉风险，而是要根据牌面的变化来调整持仓的情况。

# 第五章
>>> 一本万殊：智慧家族的亲友团

各种恐慌情绪的出现，并借机买入久已期待的股票。他通常的方法是准备一份股票的愿望清单：单子上的证券代表着那些他认为运作良好，但市场价格过高的公司。

进一步说，如果由于某种原因出现的市场大抛售，导致他愿望清单上的股票价格下跌至他认为最便宜的水平，他就会给自己的经纪人下长期订单购买那些股票。[1] 在逆向投资中尝试一下这种守株待兔的办法倒真是不错！

---

[1] 邓普顿：《邓普顿教你逆向投资》，中信出版社，2010，第153页。

第六章
CHAPTER SIX

爝火不息：
智慧家族的中国面孔

日月出矣，而爝火不息，其於光也，不亦难乎！

——《庄子·逍遥游》

相对于智慧家族中各位大师放射出的投资光芒来说，当前中国的价值投资群体只能说是一些小火把。他们明明灭灭的微光，在混乱而浮躁的股市中，显得那么弱小，那么摇曳不定，仿佛随时都可能被吹熄似的。

中国的市场经济问题多多，架构在这样基础上的资本市场，诚如吴敬琏先生所言，是一个可以偷看别人底牌的赌场。在这个有着更多血腥和邪恶的"赌场"中，价值投资者势必遭受更多的嘲弄和非议，需要承受更大的压力，也需要有更坚定的信念。

但是，知易行难，在这样的恶劣环境中，践行价值投资理念谈何容易？在一只只股价飞涨的股票后面，有着你不知道的各种各样的权贵和操纵，有着各种各样的圈套和陷阱，也有着各种各样的诱惑和沉浮。

是的，价值投资者从来不是、也不应该是幼稚的理想主义者，对于中国股市的不成熟，应该有更清醒的认识，保持高度的警惕。但也正因如此，我们才更应该系统学习智慧家族的投资体系，谨守各位长辈的教诲，确保安全，朝理想迈进。

# 第六章
>>> 燧火不息：智慧家族的中国面孔

正如在2015年伯克希尔的股东大会上，来自中国的投资者向巴菲特提问，在中国这样不成熟的市场中如何进行价值投资时，巴菲特说，与美国比，中国投资环境相对年轻，市场更多受到投机影响，而这可能给价值投资创造更好的机会。芒格也补充说，中国的股市可能更应该使用价值投资而不是投机。

我们用芒格总是反过来想的思维方式来理解，正因为中国股市中投机氛围浓烈，留给价值投资者的空间才更大。像在美国那样成熟的市场中，格雷厄姆把大家都教成了聪明的投资者，机会当然就少多了。

中国的资本市场如果从改革开放后算起，充其量也就20多年，价值投资群体的形成当然更晚。最早的一批，是从了解到巴菲特，并开始翻译各种有关巴菲特的书籍开始的。其中包括引言部分提到的杨天南，还有把研究巴菲特作为博士论文的刘建位。

其后，段永平、赵丹阳等人高价竞拍与巴菲特共进午餐，一时名声大噪，也对价值投资在中国的传播起到了很大作用。

在这个过程中，冒出了不少打着价值投资旗号，形迹可疑的人。前几年涌现出一大批股神，大有把巴菲特踩在脚下之势。有一本叫《中国股神林园炒股秘籍》的书，作者在总结了巴菲特的复合增长率后说："如果你拿巴菲特21.9%的年增长率跟林园的相比，你会惊奇地发现后者是前者的4.5倍"。

此类打着各种秘籍招牌的图书和用8000元快速赚来几十亿的造富神话，不管其动机是什么，都起了非常恶劣的作用。相比之下，自称学习索罗斯的博弈式投机者李驰，倒更像是一个价值投资者。

巴菲特多次说，投机并没有错，那只是不同的方法，只要你认为自己有那样的能力，大可以去玩吹泡泡的游戏。但可怕的是，打着价值投资的幌子，却用行动来投机，同时用一些神话故事来诱导普通股民，制造更浮躁的氛围,这怕是别有动机吧。面对形形色色的"价值股神",投资者一定要把眼睛擦亮,提高鉴别能力。

近年来,也出现了系统研究价值投资的好书,包括一些经典著作的翻译。比如巴曙松先生带领一帮高手翻译出格雷厄姆《证券分析》第六版,堪称经典。书好,翻译也好,连封面设计都好,读来让人爱不释手。

巴曙松先生在推荐序中说:"我们现在重温《证券分析》这样一部历久弥新的经典著作,并不仅仅是为了证券分析史的探究,而更多的是立足于当下的中国证券市场的转型。我的理解是,价值投资成为主导性的投资理念,应当是当前市场转型的重要组成部分之一。"

这是在更高的高度上肯定价值投资对中国经济转型所起的作用。他们用理性、建设性的情怀,希望价值投资能在中国发扬光大,使中国的资本市场能够更加理性成熟,他们都为价值投资理念在中国的传播贡献了力量,是格雷厄姆智慧家族中的中国面孔。

下面,就选取三位亲聆巴菲特教诲的中国投资者,讲讲他们的故事,让价值投资接一下中国的地气。

与巴菲特最神似的华裔投资人:段永平

在中国的价值投资者中,段永平绝对可以说是具有传奇色彩的一位,也是目前来说,和巴菲特最神似的华裔投资人。不过,他的路径和巴菲特正相反，是先从实业做起，再进而走入投资领域。

段永平首先是一位优秀的创业者和企业家，他和团队一起创立了小霸王、步步高和OPPO三个著名品牌，成就了一段创业传奇。之后，他带着经营企业的经验，走上投资道路。也许，他觉得发现一家优秀企业并与其一起成长，比自己去亲自经营一家企业更快乐、更自由，也是他更热爱的事情。

段永平的投资理念受巴菲特影响很大，加上他自己的经验和感悟，形成了自己的体系。2006年，为了表示对巴菲特的感谢，他以62万美元的价格，拍得了与巴菲特共进午餐的机会，成为与巴菲特共进午餐的第一个中国人，也是自2000年"与巴菲特共进午餐"活动开始后的第六个参与者。

而且和格雷厄姆家族成员有着参与慈善活动的传统一样，在这前后，段永平已经开始进行大量捐赠活动。他曾先后向浙江大学、中国人民大学捐款，还曾向汶川地震灾区捐款。

段永平最为人津津乐道的经典战役是对网易的投资，经此一役，他不仅一战成名，积累了巨大的财富，同时也实践了巴菲特式价值投资的理论体系。因此，有人戏称他为"段菲特"。

2001年，美国科网股泡沫破灭，股市崩溃。在美国上市的中概股中最早的"三剑客"新浪、搜狐、网易也不能幸免。其中以网易跌势最为惨烈，跌到1美元以下，有退市风险。

这三家中国最早的网络概念股虽然打着高科技的旗号，但最初都是新浪的新闻门户模式，利用中国知识产权不健全的空隙，大量廉价获取传统媒体的新闻资源，简单转移到网上进行二次传播。这种模式本身的赢利能

价值投资路线图
格雷厄姆智慧家族的制胜之道 > >> >>>

力有限,在网络股泡沫破灭后,也饱受质疑。

不过,当时三家公司都在寻找更好的赢利方式。比如随着手机在中国的迅速普及,门户网站的彩铃彩信业务出人意料地出现爆发式增长。另外,网络游戏也以几何倍数增长,而搜狐和网易已经开始向赢利能力超强的网络游戏转型。

正是在这样的背景下,段永平以1美元左右的价格,在纳斯达克股市买入200余万股网易的股票。2003年10月14日,网易股价飙升到70美元,段永平持有的股票在不到两年时间里,上涨了50多倍。2003年,福布斯富豪榜对段永平的财富估价是10亿元人民币,排第71位。

段永平对网易的投资,体现了价值投资中的逆向投资原则。就在2001年股市暴跌,大家都谈网络股色变时,其实正蕴含着巨大的机会。前文讲过,巴菲特也趁机大举增仓,买入了更多的好股票。专门做逆向投资的邓普顿更是不会放过这样的好机会。

记忆中,当时我正在一家报社工作,主编财经新闻,每天报道网易将要在纳斯达克退市的消息,似乎这已经是板上钉钉的事,心里还颇有些微妙的幸灾乐祸,觉得网易必将遭受灭顶之灾。

在这种情况下,敢于重仓买入,当然需要有坚毅的性格和对价值投资深刻的领悟。这其实就是在考验对智慧家族投资信条的理解。

买入**网易**,是在段永平的能力圈内行事。大家都知道,巴菲特从不投资科网股,但是段永平并没有因为巴菲特这么说就简单地转身走开,而是根据自己的实际情况来判断。他自言,能在网易上赚到100多倍,是因为做小霸王时就有了对游戏的理解。他个人也非常喜欢打游戏,因此自然对于正在转型进入网游领域的网易,会比别人有更深的理解。这种理解在各种学校里都不会教，书上也没有，财报里也看不出来，全靠对自身能力范围清醒的认识和把握。

谈到什么是投资时，段永平认为投资就是买未来现金流（的折现）；所谓能看懂公司，就是能看懂其未来现金流（的折现）（做对的事情）；所有有关投资的说法，实际上都是在讨论如何看懂未来现金流（的折现）的问题（如何把事情做对），比如生意模式、护城河、能力圈、安全边际等等。

这些都与巴菲特对投资的看法如出一辙，用巴菲特的话说，投资就是现在投入0.4元钱，将来收回价值超过一元钱的东西。当年，果断杀入网易时，段永平一定大致想象过网易在进入游戏行业后，大量的现金持续流入的美好场景。而他投入的200万美元所买到的，将会是成倍增长的现金收入。事实上，200万美元最后带来的是100倍的增值收益。

在谈到如何理解一家企业时，段永平也提到了定性分析和定量分析。他强调企业的经营历史很重要，不然无法了解企业（了解过去，是为了看懂未来）。看年报是了解企业的一个必经的路径。而他看年报的目的是为了排除公司，如果看了年报就不喜欢或者看不懂，那么根本不会去投。这是定量分析阶段必须做到的。

但是段永平更强调定性分析，如生意模式、管理团队、产品前景、核心竞争力等，这和巴菲特更注重定性分析也是一致的。在对企业的判断中，他还特别强调了企业文化的重要性。他认为，企业文化是一种思维方式，一种团队的思维方式，能够管到制度管不到的东西。企业文化是企业的核心竞争力，因为制度是相对容易模仿的，但文化是模仿不到的。优秀的企业都有一个共性，就是都有好的企业文化。当然，这要求判断者自身对于企业有超强的理解能力。

价值投资路线图
格雷厄姆智慧家族的制胜之道 > >> >>>

当 2001 年网易面临退市之灾时，绝大多数人看到的是危险的状况，却看不到网易在管理团队的带领下，正在向一片更开阔的空间转型。而当时中国的网络"三剑客"，都处于发展的黄金阶段，企业文化蒸蒸日上。无论从定量分析还是定性分析方面看，网易当时都已经跌到了谷底。这正是芒格所说的"标错赔率的赌局"。即便当年网易从纳斯达克退市，也不过只是失去了一个参考价格罢了，而它的企业价值仍然是足够的，这就是格雷厄姆所说的"用非常有利的定性因素支撑充分的定量分析"的意义所在。

在谈到如何学习巴菲特时，段永平的经验值得大家特别体会。他认为，要学习巴菲特最重要的、和人们能够学的东西其实是他不做什么！绝大多数人学的是相反的东西，就是他在做什么，而那是没办法学的，因为每个人的能力圈不同。

现在中国出版的有关巴菲特的书籍太多了，但大多数都是试图揭示如何按巴菲特的思路去选到一只大牛股，甚至试图找到一条炒股发财的捷径，这真是南辕北辙了。

段永平用价值投资理念投资了很多优秀的企业，获利不菲，早已实现了人生的自由状态。但是他始终认为，真正的成功者都有一个共性，那就是正直、诚实，只有正直的人才能一生坦然。而这，也是格雷厄姆家族成员所共有的品质，是我们学习的目标。

第六章
>> 爝火不息：智慧家族的中国面孔

最上镜的中国价值投资者：赵丹阳

尽管段永平有着传奇的投资经历，但是他的投资方向大多都在美股，对于中国企业的投资也多在中概股范围内。因此，这个样本不是太典型，而第二个和巴菲特共进午餐的中国人赵丹阳，则是真正的中国投资者了。

2009年，赵丹阳以高达211万美元的出价与巴菲特共进午餐，一时引起轰动。联想到2008年初，正在股市高歌猛进之时，他却以找不到好的安全投资标的为由退出股市，这样的举动无疑是受到了巴菲特的影响。这两件事情使他名声大噪，成为最上镜的中国价值投资者。

不过，尽管大多数人认定他是巴菲特的忠实追随者，但是从他公开发表的言论中可以看到，他的理念似乎与巴老并不很一致。每年年初，他和巴菲特一样，也要发表一篇《致投资者的一封信》。从一些信中可以看出，他更喜欢对宏观形势做一些分析和判断。

而大家知道，在巴菲特和芒格写给股东的信中，都极少谈宏观形势。他们都很明确地声明，根本不看重宏观分析，而把主要精力放在对优秀公司的研究上。想想上文提到的格雷厄姆的训诫吧：分析证券，不要分析市场。

赵丹阳似乎更想融入自己的一些打法，或者和很多人的想法一样，"把投资理论与中国实践相结合"。当然，中国的市场有其特殊性，这样的想法是可以理解的，但正如上文所言，在投资这件事情上，基本的道理"放之四海而皆准"，一旦试图独创一套整合证券分析与市场分析的方法出来，可能有混淆投资与投机的危险。另外，中国人向来有闷声发大财的习俗，

价值投资路线图
格雷厄姆智慧家族的制胜之道 > >> >>>

对于股票持仓,更喜欢"打枪的不要,悄悄地进村"。但实际上,现在信息披露要求越来越高,藏是藏不住的,建仓的动向在公司的季报中就很可能暴露出来。

所以,我们希望看到中国更多好的投资人,能够认真地分析上市公司,尤其是优秀公司的各项指标,给普通投资者提供更好的投资参考,而不是打开现在的财经媒体,充斥着的都是漫无边际的宏观面分析等。

另外,赵丹阳似乎还有一些波浪分析的情结。比如在2015年1月8日,他在深圳的一个投资者交流会上,发表题为"牛市已启动"的公开演讲,似乎主要的分析框架是波浪理论。

他说:"牛市第一浪,是降息推动的价值低估的修复,很多股票已经涨了很多,低估的修复快结束了;接下来,就是要进入牛市第二浪。牛市第二浪整理消化之后,就进入牛市第三浪。牛市第三浪的推动一定是要上市公司业绩的推动。"

尽管运用多种分析思路无可厚非,但是我们知道,从格雷厄姆、巴菲特再到林奇等人,是从来不用什么波浪理论的,他们甚至对此有些嗤之以鼻。也许,这就是中国投资人的困境。如果不讲点这些内容,听众又听什么呢?讲价值投资?下面的人可能全走光了,更不要说产品路演了。

不过,赵丹阳在理念上一定还是认同价值投资的。2014年2月16日,在《华夏时报》的一篇题为"巴菲特让我少犯错,看好三大产业股"的报道中,赵丹阳坦陈巴菲特对他的帮助很大,让他少犯了很多错误。在对公司的选择上,他在谨慎的原则下,对成长性的要求更高,同时更希望找到具有垄断性的公司,同时不认为长期持有就是价值投资。

从赵丹阳的言行中,可以折射出中国价值投资者的困境。即便什么是价值投资者,也还有着种种不同的说法和争论,更何况在具体的业绩表现上,这样的群体还没有真正出现,自然难有说服力。

中国的价值投资历史充其量也就 10 多年,从复利的角度来说,单是时间的积累都还远远不够。所以,我坚信,只要遵循格雷厄姆的路线图,中国一定会有一批价值投资者脱颖而出,成为市场的中坚力量。只是希望,大家不要倒在黎明前的黑暗中。

巴菲特见到的第一个北京股东:杨天南

杨天南自称出生于一个金融世家。他说在 1990 年就读了林奇的著作,这在中国的确算很早了,够幸运。

不过,他在 1993 年进入投资行业后,直到 1995 年读到了罗伯特·哈格斯特朗的《巴菲特之道》,才"如同黑屋里射进一道灿烂的日光,又如茫茫暗夜里的航船发现了指路的明灯",找到了投资的方向。

恰逢 1996 年的牛市,在巴菲特思想指引下,杨天南买入了**四川长虹和湖北兴化**(现更名为国投电力),赚得了去美国留学的学费。2001 年,为了见到偶像巴菲特,他买入伯克希尔的 B 股,参加了伯克希尔股东大会,巴菲特称他为"第一个来自北京的股东"。

杨天南深受巴菲特影响,最典型的表现是对于投资人(股东)的选择。巴菲特曾多次在年报中深情款款地感谢他的股东,他认为伯克希尔的股东

价值投资路线图
格雷厄姆智慧家族的制胜之道 > >> >>>

是最理想的合作伙伴，有着同样的理念和同样的志趣，合作起来很快乐，当然，因为这些人本质上都是价值投资者。

当2000年网络股泡沫高涨时，老虎基金不得不挥泪清盘，而巴菲特却可以相对潇洒地面对，这固然与公司架构不同有关，但也与投资人的理解认同密不可分。

杨天南也希望能找到相知、相信，乃至最后能一起坚守的投资人。他曾写过一份《天南致金石计划投资人书》，提出了"100条"，表达了对于仅有资金的所谓"客户"毫无兴趣，希望找到同路人（理念认同）的观点。

在这100条中，体现出更多纯粹格雷厄姆式的投资理念。比如他讲到投资是分享伟大企业的成长；讲投资对象的选择，希望找到"好企业好价格"，即能以合适的价格获得运营优秀的企业，这种企业要具备：一、赢利；二、可持续性赢利；三、可增长的持续性赢利。他较为重视的指标有净利率、ROE（净资产收益率）、PE（市盈率）、PEG（市盈率与赢利增长比率）等，以及管理者的品质，这些都是对好公司的选择标准；他也讲到在投资体系中没有止损一说，对于认准的好股票，只有越跌越买，如果没有资金，就一路持有；在仓位选择上，他通常是重仓满仓且集中持股，当然他也提示了随之而来的系统性风险；对于股票何时卖出，他的看法是公司运营恶化、价格高估或有更好的选择，这也和格雷厄姆、巴菲特、林奇等人几无二致。

很多人对杨天南的这种做法表示不理解：做资产管理嘛，钱越多越好，干吗这么挑剔？其实，读了杨天南的著作就明白了。

从杨天南在《钱经》专栏文章的结集《规划财富人生：天南话投资》

第六章
>> 爝火不息：智慧家族的中国面孔

一书中，约略看到他的理想：受益于巴菲特，实现了自身财务自由之后，他似乎更想把所思所得传布于大众，为更多人规划出一条财富人生的道路。

当然，这样的人一定是相识、相知、相信，有着共同信念的人。用他的话说"投资成功的道路只有两条：一是成为像巴菲特那样的人；二是找到像巴菲特那样的人"。换句话说，闻道有先后，术业有专攻。投资的道路上，你可以不必亲自上阵，但在理念上，至少要成为格雷厄姆家族的一员。

以上三位，都有幸亲聆巴菲特的教诲，当面吸收格雷厄姆智慧家族的思想精华，可以算是家族的中国面孔。不过，投资是一项重在实践的活动，"纸上得来终觉浅，绝知此事要躬行"，不管有多么精妙的思想，如果不能很好地用于实战，并取得长期令人满意的回报，也不过都是纸上谈兵罢了。

好在他们几位的业绩也确实说得过去。段永平自不待言，赵丹阳虽然在印度的投资出现"基金成立以来最大幅度的账面损失"，并因此饱受诟病，但是其整体业绩仍然比较稳定。他的代表产品"赤子之心价值投资"从2003年成立后，到2015年5月，仍实现了1558.59%的总收益，年化收益25.48%，而同期沪深300指数的总收益为181.47%。

杨天南则自称20年来，"约略估计自己的累计投资回报为200倍左右，即百分之两万"。他在《钱经》杂志上做的模拟盘，在熊市中也持续战胜了几大指数。

当然，这些都还远远不够，在格雷厄姆"承诺本金安全，并获得令人满意的回报"这条价值投资道路上，时时都隐藏着杀机，无处不在的风险随时可能吞噬掉投资本金。我们希望以段永平等为代表的成千上万的中国

价值投资路线图
格雷厄姆智慧家族的制胜之道 > >> >>>

价值投资者们,能时时铭记安全边际的警示,催开"时间玫瑰"的复利之花,用更有说服力的投资业绩,带动更多人走上自由之路,成为中国资本市场的中流砥柱。

尾　声
ENDING

苏格拉底认为，承认我们的无知，乃是开启智慧之母。苏氏的此一名言对于我们理解和认识社会有着深刻的意义，甚至可以说是我们理解社会的首要条件；我们渐渐认识到，人对于诸多有助于实现其目标的力量，往往处于必然的无知状态之中。

——哈耶克《自由秩序原理》

这本小书的初稿完成于 2015 年 6 月初，当时正是又一个激情燃烧的时刻。绝大多数股市参与者，不管是散户还是机构，不管是基金购买者还是亲自上场操作者，都认为沪指站上 6000 点，进而冲上又一个高峰指日可待。即便最谨慎保守的投资者，也难以料到接下来市场大崩盘的剧情。

但是，这就是市场，神秘莫测而又充满了巨大的风险。在这里，我不由得再次想起了格雷厄姆的忠告："切记不可以蠡测海，只看表面和眼前的现象。笔者以自己闯荡华尔街 20 年的沉浮经验告诫读者，表面和眼前的现象是金融世界的梦幻泡影与无底深渊。"

在这场股灾中，我的持仓净值虽然仍有丰厚的收益，但依然发生了很

价值投资路线图
格雷厄姆智慧家族的制胜之道 >> >>>

大的回撤。看着飞流直下的千股跌停，目瞪口呆、心惊肉跳之余，再沉稳的人也难免出现恐慌的情绪和无助的感觉，正如美国1929年股市大崩盘后，格雷厄姆在其回忆录中所说："财富的损失对我来说不算什么。最让我感到痛苦的是，在大危机出现后我不断自责，不断问这是为什么，以及对大危机能不能过去没有把握。"

在股灾中，我也曾陷入困惑，也曾有一丝动摇。但是当我回看自己的书稿时，又增添了信心：对于那些完全靠讲故事的"新时期成长股"，它们的崩溃不是早就预见到了吗？在股灾中依然能获得比较好的收益，不正是得益于格雷厄姆的教导吗？而之所以回撤很大，也恰是因为知易行难，在狂热的市场气氛中，放松了对风险的警惕。这一次史无前例的大股灾，再一次验证了价值投资的价值，再一次让我对格雷厄姆智慧家族的理念肃然起敬。

股灾发生后，市场出现了非理性的暴跌，用泥沙俱下来形容一点不为过。在这个过程中，质地优良的好公司也遭到无情地抛售，巨大的机遇又出现在了我们面前。但不幸的是，我的一些朋友们，就像2013年股市跌破2000点时一样，再一次陷入了绝望。他们急急忙忙将高点上狂热买入的成长股割肉出逃，转而买入流动性很差、封闭期很长的各种信托产品。而我认为，在这个困难时刻，恰恰应该在格雷厄姆、巴菲特、林奇、邓普顿等诸位大师的指导下，睁大自己的眼睛，抓住难得一见的投资机会，买入真正优质的好企业，实现自己的投资理想，让自己在通往自由之路上再迈进一大步。

那么，到底什么才算是好企业呢？不知什么时候，投资圈里形成了"价值投资"和"成长投资"两大阵营，大家在各种公共平台上吵得不亦乐乎，

尾 声

有时甚至恶语相向。

自称价值投资者的人们尊格雷厄姆、巴菲特等为鼻祖，对巴菲特的经典语录能够信手拈来、出口成章，而他们的投资方向也多为银行股、茅台酒这样的大蓝筹。他们以为只要PE（市盈率）足够低，一定是价值被低估，就一定会有价值回归的一天，所以死死抱住这些低市盈率的股票不放，期待有一天也能获得超额的收益。无奈，以银行为代表的大蓝筹股却长期疲软，持续跑输市场，让价值投资者们情何以堪。

而另一方面，以趋势交易为乐的成长股投资者们，奉费雪、林奇为圭臬。他们喜欢小盘袖珍股，热衷新兴成长的概念，市盈率在他们的眼里，早就是明日黄花，老掉牙过了气的玩意儿。在他们眼里，人有多大胆，地有多大产，股价没有最高，只有更高，所以所谓"妖股"也根本没什么妖气，因为自然有其成妖的逻辑。而短时期内，他们往往收获颇丰，动辄捕获翻番的股票。于是，他们可以肆无忌惮地嘲笑那些价值投资者，而对自己所处的危险境地安之若素。在这次股灾中，这样的成长投资群体想必是损失的重灾区。

其实，价值与成长丝毫不矛盾，本书中就曾引用过巴菲特的话，对于价值投资来说，高股息率和低市盈率不一定有价值，同样，较高的市盈率和较低的股息率也不一定就没有价值，"有些市场的分析师与基金经理人信誓旦旦地将成长型与价值型列为两种截然不同的投资类型，可以说是无知。那绝不是真知灼见。成长只是一个要素之一，在评估价值时，可能是正面，也有可能是负面"；成长股投资者奉为祖师爷的费雪谈到此问题时也说："（成长型）公司不见得必须年轻，规模小。相反的，不管规模如何，真正重要的是管理阶层不但有决心推动营运再次大幅成长，也有能力完成他们的计划"。

  可见，价值投资与成长投资既不对立，也不教条，而有着同样的标准，这个标准就是本书中对格雷厄姆智慧家族投资理念的梳理，就是格雷厄姆对于好的投资品种的定义：用非常有利的定性因素支撑充分的定量分析，同时有足够的安全边际。希望本书能在股灾后的困难时期，为大家选择更好的投资标的提供一种借鉴。

  不过，即便是这样一个小小的希望，我心里仍然是充满了惶恐。因为在市场面前，每个人都是那么渺小，都应该怀有诚惧之心。正如苏格拉底所说，承认我们的无知，乃是开启智慧之母。谨以此书，与大家共勉！也欢迎您与我交流，QQ 邮箱：353484569@qq.com，让我们共同加入格雷厄姆的智慧家族，探讨价值投资在中国实践的最佳路线图！

2015 年 11 月 23 日